中国南方电网
CHINA SOUTHERN POWER GRID

南方电网能源发展研究院

全球领先企业创新发展报告

（2024年）

南方电网能源发展研究院有限责任公司　编著

中国电力出版社
CHINA ELECTRIC POWER PRESS

图书在版编目（CIP）数据

全球领先企业创新发展报告. 2024 年／南方电网能
源发展研究院有限责任公司编著. -- 北京：中国电力出
版社，2025.3. -- ISBN 978-7-5198-9834-2

Ⅰ. F273.1

中国国家版本馆 CIP 数据核字第 20255L9B85 号

出版发行：中国电力出版社
地　　址：北京市东城区北京站西街 19 号（邮政编码 100005）
网　　址：http://www.cepp.sgcc.com.cn
责任编辑：岳　璐（010-63412339）
责任校对：黄　蓓　张晨荻
装帧设计：张俊霞
责任印制：石　雷

印　　刷：北京博海升彩色印刷有限公司
版　　次：2025 年 3 月第一版
印　　次：2025 年 3 月北京第一次印刷
开　　本：787 毫米×1092 毫米　16 开本
印　　张：12.25
字　　数：172 千字
印　　数：001—800 册
定　　价：63.00 元

当今世界面临百年未有之大变局，第四次科技革命加速推进，全球科技研发投入持续增长，区域科技合作不断深化，科技创新成果空前涌现，创新成果产业化不断加速，主要国家间科技竞争日趋胶着，中国创新能力加速提升。2023年9月，习近平总书记在黑龙江考察调研期间指出，整合科技创新资源，引领发展战略性新兴产业和未来产业，加快形成新质生产力。新质生产力是科技创新在其中发挥主导作用的生产力，是数字时代背景下全要素生产率在经济增长中贡献更大的生产力。中国政府、企业、高校、科研院所和创新相关主体全面贯彻落实党的二十大创新工作部署，聚焦强化国家战略科技力量，健全新型举国体制，实施国家重大科技项目，加强重点领域基础研究，培育建设战新产业和未来产业，打造高素质科技人才队伍，为加快发展新质生产力、努力建成科技强国接续奋斗。

在大国竞争与技术快速迭代的双重推动下，强化企业创新主体地位，更好发挥央国企科技创新、产业控制和安全支撑作用，着力优化人才引进和培育体系，深度融入区域创新"微生态"，加快打通基于场景创新的各环节，构筑可持续发展能力，比以往任何时候都更为迫切和重要。自2020年起，南方电网能源发展研究院每年编制《全球领先企业创新发展报告》（以下简称《报告》），持续跟踪全球创新发展趋势，选取登上《欧盟工业研发投资记分牌》《PCT国际专利申请人排行榜》等全球权威榜单，或在研发投入、创新产出、人才建设、管理实践等方面具有突出优势和参考价值的企业定义为领先企业，洞察领先企业创新投入、产出格局，分析领先企业人才、管理实践，梳理中国企业创新的不足之处，旨在为中国企业提高创新能力提供参考建议。

报告共包括六章，在去年基础上新增"创新产出""创新人才""中国创新和产业区域格局"三个主题，报告结构更加完善，内容更加丰富。具体来说，第1章全球创新发展趋势，从创新趋势、投资趋势以及竞争趋势三个方面分析全球创新发展动向，解析当前全球创新的大环境；第2章全球领先企业研发投入格局，分析领先企业国家分布和产业布局，研判全球领先企业创新发展态势；第3章全球领先企业创新产出格局，深入剖析全球领先企业的创新产出情况，解构企业创新产出现状。第4章全球领先企业创新实践，重点归纳了ICT行业、生物医药、汽车及零部件行业、能源电力行业与智能制造等五大创新领域领先企业一年以来值得关注的创新动态与实践活动；第5章全球创新人才竞争态势，以人才管理"引育用留"为核心主题，研判全球创新人才竞争大势，提炼领先企业培育新型创新人才的优秀经验；第6章中国企业视角下的创新和产业区域发展格局，探究中国不同地区和不同产业的企业梯队结构化缺陷，为各地区因地制宜培育创新能力提出合理性建议。

结合各章节的分析结论，提炼出四大核心观点。一是强者愈强成为全球领先企业创新活动的普遍特征。基于权威数据榜单分析结果，中国、美国、英国、德国等大国的领先企业在研发投入、创新产出、创新人才等方面始终保持显著领先优势，创新资源呈现向大国集聚的趋势。疫情后高收入经济体与低收入经济体之间、发达国家与发展中国家之间的创新竞争力差距进一步拉大。二是以人工智能为代表的ICT仍是创新活动最活跃的行业，而汽车及零部件行业正在成为下一个创新活动的热点区域。从创新投入来看，ICT行业领先企业研发投入强度远高于全行业平均水平，且投入规模持续保持快速增长，汽车及零部件行业发展驶入研发快车道，企业研发投入增长迅猛。从创新产出来看，ICT行业领先企业仍是创新产出的主要来源，同时汽车及零部件行业的领先企业创新产出显著提升。三是中国在全球创新竞争大潮中稳步向前。一方面是创新能力显著提升。中国已成为唯一在研发投入和创新产出两方面均进入全球前2的国家。另一方面是抵御外部风险的能力显著提升。在全球风险投资大幅缩减的条件下，中国逆势加大先进制造业的投资活动，并且通过科技自立自强和加强国际合作有效抵御来自美国的科技战威胁。四是中国创新和产业发展的结构性矛盾依旧突出。从区域分布来看，东部企业在研发投入、创新产出、代表性企业数量等方面对其他地区呈断档领先，并且专精特新"小巨人"企业持续向东部聚拢。从产业分布来看，战略性新兴产业发展不均衡问题凸显，大部分上市公司、专精特新"小巨人"企业聚集在新一代信息技术产业、高端装备制造产业以及新材料等少数产业，同时多个产业的企业梯队存在"底部不足"或者"腰部不足"等不同程度的梯队结构缺陷。从人才结构来看，新一代信息技术产业、高端装备制造产业以及相关服务业的人才供需矛盾突出，人才的薪酬待遇与产业发展需求并不匹配。

《全球领先企业创新发展报告（2024年）》得到了中国五矿集团科技管理部廖波处长，中石油经济技术研究院能源科技研究所杨艳所长，北京理工大学管理学院公共管理系主任尹西明博士，国家电网能源研究院常燕高级研究员，之江实验室发展战略与合作中心魏阙高级研究专员等创新领域专家学者的悉心指导，以及中大咨询集团梁卓锐、钟晟奇、罗丹研究员等的专业支持，在此表示衷心感谢！我们认真研究专家学者的意见，对报告进行了认真研究推敲、修改完善，但鉴于水平有限，难免仍存在疏漏与不足之处，恳请读者谅解并批评指正！

编　者

2024 年 7 月

目 录
CONTENTS

第1章

全球创新发展趋势

本章基于联合国数据库、英国 DEALROOM 公司数据库、美国 CRUNCHBASE 公司数据库以及联合国发展与贸易（UNCTAD）发布的《2023 年技术与创新报告》、世界知识产权组织（WIPO）发布的《2023 年全球创新指数》、中国科学院科技战略咨询研究院发布的《2023 研究前沿热度指数》等，从创新布局、创新投资以及创新竞争趋势三个维度研判全球创新发展趋势。本章将分为三小节：**第一，**对科技强国的前沿领域创新布局进行分析，梳理科技强国的创新发展方向与支撑举措；**第二，**对全球的风险投资规模变化与投资方向进行梳理分析，以了解全球资金资源在创新活动方面的分配变化；**第三，**分析全球经济体的创新竞争力变化，回顾中美创新竞争活动，以此梳理现代科技竞争中国家的竞争策略与相关要素。

1.1 全球创新布局趋势

新一代科技革命和产业变革成为全球格局变迁中的重要因素，全球科技创新进入活跃期，推动创新活动，培育新动能新优势是全球的共识。首先，科技强国持续加码布局前沿领域，在人工智能、量子技术、先进制造、新能源等多个领域进行布局，并且持续加大对相关领域基础研究的资源投入；其次，交叉融合创新成为各国发展前沿领域的主要探索方向，人工智能、数字孪生等技术在不同领域融合应用成为探索的重点。

1.1.1 科技强国对前沿领域进行立体布局，持续加大基础研究的资源投入

锚定未来发展，世界上的科技强国在 2023 年继续加强对前沿领域的布局力度，以获取发展先机，各国政府陆续出台更新相关前沿领域的发展战略与政策支持，并且加大对基础研究的投入。争取在前沿领域打造首个应用示范或者形成技术突破，以此把握未来发展的先机。

美国。美国瞄准关键领域，出台政策，为人工智能、量子技术、生物科技等领域提供支持。2023 年 1 月，美国能源部先后出台多项资助计划，将资源投

入到生物燃料、氢能技术、碳捕集利用技术以及减排技术等。2023 年 5 月，美国白宫出台《美国政府关键和新兴技术国家标准战略》，瞄准对国际竞争力与国家安全至关重要的子领域标准，将通信技术、人工智能、生物技术、量子技术等领域列入优先发展范畴，同时美国国防部高级研究计划局开始推动建设世界上第一个可操作的量子增强网络。**在基础研究投入方面**，美国白宫科技政策办公室持续更新《关键和新兴技术清单》，大力支持前沿领域的基础和应用研究，在人工智能与量子信息领域，美国计划投入 10 亿美元（约合 70.5 亿人民币）新建 12 个研发机构，同时，美国国家科学基金会投入 3800 万美元（约合 26 777.5 万人民币）扩大对量子信息科学与工程的支持，在新能源方面，美国投入约 17.79 亿美元（约合 125.4 亿人民币），支持低碳能源基础研究、技术开发和示范。

英国。英国接连在通信技术、量子技术、人工智能等领域发力，希望能够通过系列行动巩固英国作为科技超级大国的地位。2023 年 3 月，英国政府发布最新的《科学技术框架》，确定了五项未来技术组合，包括人工智能、工程生物学、未来通信、半导体和量子技术。2023 年 4 月，英国科学、创新和技术部发布《无线基础设施战略》，意图抓住 5G 成熟以及 6G 演进的机会，促进英国无线领域的发展，与无人驾驶、无人机和机器人等新兴技术协同发展。**在基础研究投入方面**，英国成立先进研究和发明机构，为前沿研究每年提供约 8 亿英镑（约合 70.3 亿人民币）的资金支持，同时建立"研究风险催化剂"基金，出资约 5000 万英镑（约合 43 966.5 万人民币），引导私人和慈善机构为英国前沿基础研究提供支持。

德国。德国围绕量子技术、人工智能以及新能源等前沿与尖端技术领域的发展，出台多项行动计划。在量子技术方面，2023 年 4 月，德国通过联邦教研部提出的《量子技术行动计划》，推动量子技术投入应用、技术开发以及创造生态系统，保证德国成为量子技术的世界领导者。在人工智能方面，2023 年 8 月，德国联邦教研部发布《人工智能行动计划》，资助人工智能的研究、开发与应用，在新能源领域，德国政府承诺将在可控核聚变方向持续投入资金资源。**在基础研究投入方面**，德国继续加强对基础科学研究的财政支出力度，计划在 2025 年全社会研发投入占全国生产总值比例达到 3.5%，德国联邦教研部计划在 2023 年至 2026 年间为量子技术研究提供约 30 亿欧元（约合 229.3 亿人民币）的资金支持。

法国。法国出台系列政策支持本国产业绿色转型，以及发展人工智能、生物科技等相关产业。在绿色转型方面，2023 年 6 月，法国宣布一系列投资计划，发展低碳航空交通、生物燃料产业。2023 年 9 月，法国召开"生态规划"内阁会议，计划推动本国电动汽车生产、支持本国电池、太阳能等产业的发展。2023 年 10 月，法国议会通过绿色工业法案，推动风电、光伏、热泵、电池和氢能五大新能源技术发展。**在基础研究投入方面**，法国高等教育、研究与创新部发布新版《研究基础设施路线图》，明确了 108 个对法国科研格局发展具有重要战略意义的研究基础设施，作为未来研究基础设施领域相关战略的制定的主要参考，本次修订新增 27 个研究基础设施，包括生物与健康、材料科学与工程、地球系统与环境科学、天文学与天体物理、核物理与高能物理、数字化与数学科学、科学信息等领域，在人工智能方面，法国发布人工智能集群新计划，投入 5 亿欧元（约合 37.3 亿人民币），为 5～10 所大学提供专项资助，提高法国大学对全球人工智能人才的吸引力，促进大学提升人工智能应用的实力，支持其人工智能领军机构。

韩国。韩国聚焦人工智能、半导体和量子技术等产业的发展，制定技术路线图，从国家层面为战略技术提供支持。2023 年 8 月，韩国科学技术信息通信部公布《以任务为导向的国家战略技术路线图》，将人工智能、量子技术、半导体、显示技术、氢能以及动力电池等技术列为重点发展领域，其中动力电池、半导体、显示技术和智能出行是最优先发展领域并获得国家预算分配倾斜。**在基础研究投入方面**，2023 年韩国科学技术情报部公布韩国 2023 年研发项目规划，计划投入 5.2 万亿韩元（约合 280 亿人民币）用于科学技术基础研究，提高基础研究的自律性和战略性，重点培养量子、宇宙、人工智能半导体、数据科学、无人驾驶、传染病等国家战略领域关键科研人才，并且扩大高性能计算机、核融合试验堆等核心研究基础设施建设。2023 年 6 月，韩国科学技术信息通信部出台《量子科技战略》，计划投入 3 万亿韩元（约合 160 亿人民币）到量子技术领域相关研究，构建量子计算机的自主研发能力。

日本。日本聚焦核能、低碳以及宇宙探索等领域发展出台系列政策。2023年6月到7月，日本先后公布《统合创新战略2023》《宇宙空间安全保障构想（草案）》及《促进向低碳化增长型经济结构转型的战略》，持续推动以国家在相关领域的投入，带动民间投入，从而使日本成为相关领域研发活动的引领者。**在基础研究投入方面**，日本新能源产业技术综合开发机构启动"下一代全固态蓄电池材料基础技术评估和开发"，开发下一代全固态锂离子电池材料的基础技术，2023年计划投入18亿日元（约9000万人民币），同时，日本政府计划在2024年以后，通过10万亿日元（约4993亿元人民币）规模的大学资助基金鼓励国际卓越研究大学开展自主研究。

俄罗斯。俄罗斯以确保经济独立与技术主权为目标，2023年5月，公布《2030年前技术发展构想》，推动建立本国技术开发路线，涉及重点领域包括人工智能、大数据存储与分析、量子计算与量子通信、储能系统与氢能、新材料、机器人与机电一体化组建技术等。**在基础研究投入方面**，2023年9月，俄罗斯和中国科研机构与联合核子研究所举办第一次会议，计划通过制定年度规划推进项目实施，支持双方在相关基础研究领域的人才培养和学术交流。2023年11月，俄罗斯宣布即将发布新版人工智能发展战略，构建"数据经济"的国家项目，为全面支持数字经济、人工智能、量子计算和通信的发展以及计算技术领域的基础研究提供工具。

中国。中国聚焦加强原创性前瞻性科技攻关，2024年1月，工信部联合七部门发布《关于推动未来产业创新发展的实施意见》，重点推进未来制造、未来信息、未来材料、未来能源、未来空间和未来健康六大方向的产业发展。利用人工智能、先进计算机等技术精准识别和培育高潜能未来产业。**在基础研究投入方面**，2023年，中国基础研究经费达2212亿元，同比增长9.3%，各级政府组织重大基础研究项目申报工作，项目领域聚焦理工科为主的交叉学科，包括人工智能、先进制造、绿色能源、生命科学、新材料以及数字经济等领域，同时中央财政部支持中国科学院开展稳定支持基础研究领域优秀青年团队试点，发布《2023 年度稳定支持基础研究领域青年团队科学问题清单》，涉及量子技术、通信技术、生命健康、新材料以及人工智能等领域的基础研究。2023年不同国家的前沿技术布局领域与基础研究投入如表 1-1 所示。

表 1-1　　　　2023 年不同国家的前沿技术布局领域与基础研究投入

国家	布局领域	基础研究投入
美国	人工智能、量子技术、通信技术、先进制造等	1. 人工智能与量子信息领域：计划投入 10 亿美元新建 12 个研究机构；美国国家科学基金会投入 3800 万美元扩大对量子信息科学与工程的支持。 2. 新能源：投入约 17.79 亿美元，支持低碳能源基础研究、技术开发和示范
英国	人工智能、量子技术、未来通信、半导体等	1. 成立先进研究和发明机构，为前沿研究每年提供约 8 亿英镑的资金支持。 2. 建立"研究风险催化剂"基金，出资约 5000万英镑，引导私人和慈善机构为英国前沿基础研究提供支持
德国	人工智能、量子技术、智能制造、数字科技、核聚变等	1. 在 2025 年全社会研发投入占全国生产总值比例达到 3.5%。 2. 量子技术领域：为量子技术研究提供约 30亿欧元的资金支持
法国	新能源、人工智能、生物与生命技术等	1. 发布新版《研究基础设施路线图》，新增 27个涉及生物与健康、材料科学与工程、核物理与高能物理等领域的研究基础设施。 2. 人工智能：宣布人工智能集群计划，投入 5亿欧元，支持大学成为人工智能领军机构
韩国	动力电池、半导体、显示技术、人工智能、量子技术等	1. 投入 5.2 万亿韩元用于基础研究，重点培养量子、人工智能半导体、数据科学、无人驾驶等方面领域的人才。 2. 出台《量子科技战略》，计划投入 3 万亿韩元到量子技术领域相关研究
日本	核能、低碳、宇宙探索、人工智能、量子技术等	1. 投入 18 亿日元推动全固态锂离子电池材料的基础技术发展。 2. 计划为国际卓越研究大学提供 10 万亿日元资金规模
俄罗斯	人工智能、量子技术、氢能等	1. 与中国一同与联合核子研究所进行基础研究领域合作机制建设。 2. 出台新版人工智能发展战略，构建"数据经济"国家项目，为全面支持数字经济、人工智能、量子计算和通信的发展以及计算技术领域的基础研究提供工具发布

国家	布局领域	基础研究投入
中国	人工智能、量子信息、集成电路、生命健康等	1. 各级政府围绕人工智能、先进制造、绿色能源、生命科学、新材料等领域开展重大基础研究项目申报工作，为基础研究提供资源支持。 2. 中央财政部支持中国科学院发布《基础领域重大科学问题清单》，涉及量子技术、通信技术、生命健康、新材料以及人工智能等领域，为相关领域年轻团队提供资源

1.1.2　以组织模式变革推动交叉融合创新成为趋势

跨学科交叉研究既能拓展原学科知识的领域，创造新的领域，也能成为联结知识的纽带，探索新的解决方向，打造新的应用场景，提高创新成果的生态性，互联网、物联网、人工智能、生命科学等前沿科学技术的融合，进一步催生颠覆性创新成果的出现。

各国积极推动创新组织体系和管理模式建设。一是将多部门参与、政企共建、市场化运营的前沿领域研究所作为新型研发机构的建设方向，职能覆盖从基础研究、应用研究、产品研发到规模生产、市场营销全流程，美国的能源部量子科学与工程类研究中心、半导体先进制造研究院、国家科学基金会人工智能研究所以及英国的哈特里国家数学创新中心等均是此类跨学科、跨机构、贯通产品研发到生产全流程的研发机构。**二是**整合政府部门职能，由一个部门统筹学科融合发展，降低因部门墙而产生的交叉融合成本，例如英国新成立科学、创新和技术部，将量子技术、人工智能、工程生物学、半导体、未来电信五项技术以及生命科学和绿色技术整合到一个部门中。**三是**建设产学研协同的产业集群和园区，通过产学研协同，打通基础研究到产业应用的全链条，例如德国的慕尼黑量子谷、法国的巴黎数字健康科技园。

人工智能、数字孪生技术与各个领域的交叉融合创新成为各国探索的重点。一是在军事领域，推动人工智能技术与空中力量融合，提升空战的智能化水平，美国国防部联合多家商业公司研发无人机自主编队技术，意图生产和使用具有自主能力的无人机编队技术，同时，通过采用数字孪生技术与 3D 打印技术进行生产，提高弹药生产线的效率。**二是**将人工智能技术与新材料研发相结合，俄罗斯斯科尔科物科学院通过机器学习模型改进高熵碳化物的合成工艺，提高效率。**三是**人工智能与生物领域的结合，日本公司将 ChatGPT 用于脑机接口，通过语音对应的脑电波自动生成邮件内容，完成回复邮件的操作，美国麻省理工学院开发出蛋白生成新模型 FrameDiff，无需预训练即可从头生成自然界不存在的新蛋白质。**四是**数字孪生与地理、气候等领域相结合，美国英伟达公司基于 NVIDIA Omniverse 平台构建地球孪生体 Earth-2，真实模拟地球运行环境，帮助科学家、企业和政府对气候变化的影响进行预测。

1.2　全球创新投资趋势

在美国加息持续吸收流动性、全球需求低迷等因素的影响下，2023 年全球风险投资呈现三个特征：**一是**总体规模大幅下降，创 2018 年以来新低；**二是**早期投资占比提升，呈现"投早""投小"的投资趋势；**三是**以人工智能为代表的"新科技"和以先进制造业为代表的"硬产业"成为全球风险投资的重点方向。

1.2.1　全球风险投资行业对"投早""投小"的热情不减

受全球经济衰退、西方货币政策等多重因素影响，2023 年全球风险投资规模大幅减少，美国 Crunchbase 公司数据库的数据显示，2023 年是 2018 年以来风险投资额最低的一年，全球创业融资额仅为 2854 亿美元，同比下降 38%。2018 年—2023 年全球风险投资规模变化趋势如图 1-1 所示。

在这种情况下，资金更多地被风投机构投入到支持创新成果转化阶段，与2020 年相比，2023 年天使-种子轮的累计投资金额上升了 31%，达到 301 亿美元，投资总额占比从 2020 年的 7.4% 提升至 11.4%，而早期投资与晚期投资分别下滑了 4% 与 27%，分别为 1030 亿美元与 1316 美元，早期投资总额占比为

38.9%，提高了 4.3%，晚期投资总额占比为 49.7%，下滑了 8.3%，数据表明投资机构更倾向于"投早""投小"，从而推动创新成果转化，并且减少对于相对成熟的技术的资源投入。

图 1-1　2018—2023 年全球风险投资规模变化趋势❶

1.2.2　"新科技""硬产业"成为全球创新投资的重点方向

对创新成果转化的投资支持同样表现在行业分配方面，2023 年的资金对新技术方向的初创公司的偏好明显。根据 Crunchbase 公司数据库的数据显示，2023 年全球人工智能初创公司的投资接近 500 亿美元，比 2022 年的 458 亿美元增长了 9%，增幅为全部技术领域之首。Open AI、Anthropic 和 Inflection AI 公司获得了 2023 年最大的几笔融资，共筹集了 180 亿美元。同时，对先进制造业的初创公司投资总额占比提升到 43%，是电子商务投资占比的 3 倍。

与此相对，2023 年金融服务风险投资降幅逾 50%、电子商务和购物降幅超 60%、媒体和娱乐降幅超 64%，该数据的变化说明了资金资源减少了对金融业、线上消费、休闲娱乐等第三产业的投入支持，进而积极响应各国政府的产业发展趋势，将资金资源投入到人工智能、先进制造这些前沿技术方向，投资倾向"新科技""硬产业"方向。2019—2023 年先进制造投资规模占比变化如图 1-2 所示。

---

❶　数据来源：Crunchbase《Global Startup Funding in 2023 Clocks In At Lowest Level In 5 Years》。

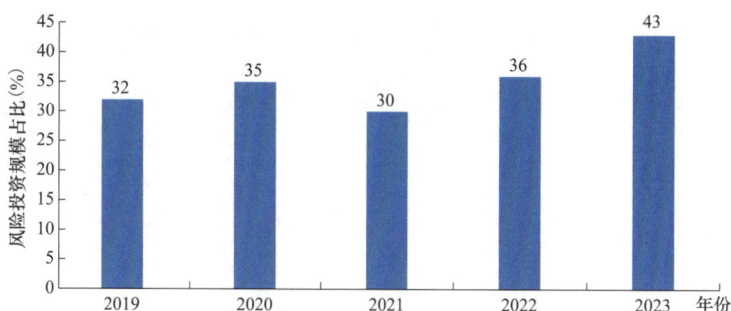

图 1-2　2019—2023 年先进制造投资规模占比变化❶

　　相比较于美国，中国整体风险投资总额下降幅度较小，并且逆势加大对先进制造业企业的资源支持。2023 年，在全球创业投资下滑的背景下，中国仍旧保持对新技术新领域企业的支持。根据英国 Dealroom 公司数据库的数据，与初创融资最高峰的 2021 年相比，全世界风险投资总额下滑 56.4%，美国下滑 58%，而中国下滑 40.5%，然而中国对先进制造业企业的支持却逆势增强，2023 年 80%的资金投向先进制造业的企业，投资金额达到 383.5 亿美元，同比提升 11%，主要集中于电动汽车、动力电池、芯片、太阳能以及机器人技术。2021—2023 年中国对先进制造业风险投资总额如图 1-3 所示。

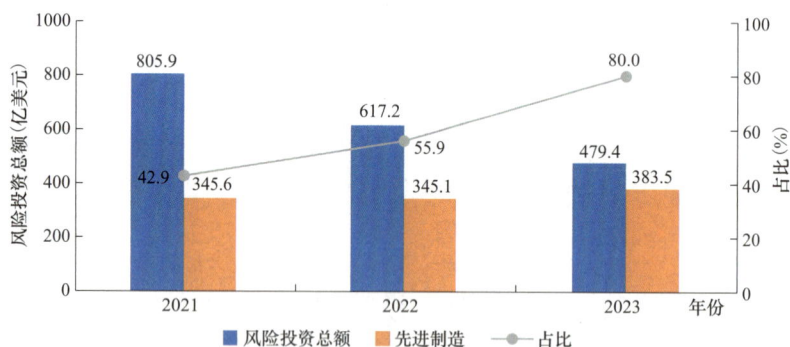

图 1-3　2021—2023 年中国对先进制造业风险投资总额

1.3　全球创新竞争趋势

　　在全球经济发展放缓、西方货币政策等因素的影响下，各国尝试通过推动

---

❶　数据来源：Dealroom《2023 年风险投资报告》。

自身的创新活动，布局未来发展，获得未来竞争优势。本节通过对世界知识产权组织发布的《2023 年全球创新指数》进行梳理，探索 2023 年全球各国的创新竞争变化趋势，由于经济发展水平的差异性，不同收入经济体支撑创新活动的能力和水平逐渐分化，导致不同收入经济体间的创新差距持续拉大，呈现出强者愈强的趋势。在大国科技博弈愈演愈烈的背景下，对中美创新竞争活动进行系统性回顾，以此梳理现代科技竞争中，大国之间的攻守策略以及争夺的关键创新要素。

1.3.1　全球创新活动活跃度提升，领先国家优势扩大

全球国家推进自身创新活动，2023 年各国的创新竞争力都得到了提升，同时，受经济实力影响，领先国家的创新竞争力优势也得到了进一步扩大。

全球各地区创新活动活跃度提高，北美、欧洲、亚太地区呈"三足鼎立"。根据 2023 年全球创新指数（Global Innovation Index，GII），全球各国创新指数平均得分为 32.5，同比提升了 1.0 分，说明全球整体创新活动水平稳步提升。分区域看，2023 年所有地区国家的平均创新指数均得到了不同程度提高，北美洲平均创新指数为 58.7，同比提升了 2.4 分，欧洲平均创新指数为 44.5，同比提升了 1.5 分，亚太地区平均创新指数为 40.5，同比提升了 2.8 分，北非和西亚地区平均创新指数为 31.4，同比提升了 2.3 分，拉丁美洲与加勒比地区平均创新指数为 25.3，同比提升了 0.1 分，中亚和南亚地区平均创新指数为 24.5，同比提升了 0.1 分，撒哈拉以南地区平均创新指数为 18，同比提升了 0.1 分。结合平均得分与提升程度来看，北美洲、欧洲与亚太地区在创新格局上呈现"三足鼎立"之势，三个地区的创新指数得分与其他地区创新指数得分存在明显差距，其中北美洲优势显著，创新指数得分最高，并且保持较高的增速，欧洲创新指数得分排名第二，但增速位于三个地区中的最低位，亚太地区创新指数得分排名第三，增速为所有国家中最高，追赶势头强劲。2022 年与 2023 年全球及各区域经济体创新平均得分情况如图 1-4 所示。

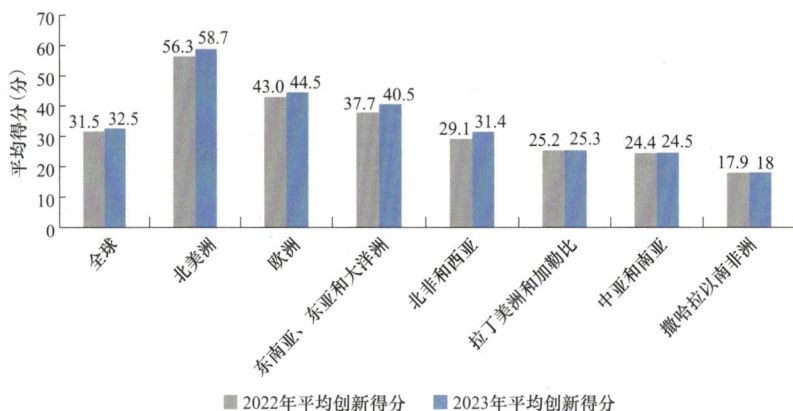

图 1-4　2022 年与 2023 年全球及各区域经济体创新平均得分情况

创新领先梯队的优势持续扩大，经济收入水平差距是重要因素。相较于 2022 年，2023 年各个梯队❶的国家创新指数得分都得到了提升，第一梯队到第四梯队的创新指数分别为 53.4、34.5、25.3 分以及 16.7 分，其中第一梯队的国家创新指数提升了 1.9 分，第二梯队到第四梯队的国家分别提升了 0.9、0.5 分以及 0.4 分，第一梯队国家与其他国家的差距继续拉大。从经济收入水平来看，在 33 个第一梯队国家中，其中 32 个国家是高收入国家❷，将国家以收入水平进行分组，则会发现中等收入国家与低收入国家与高收入国家的创新指数差异继续拉大，2023 年，中等偏上收入国家、中等偏下收入国家以及低收入国家创新指数平均值与高收入国家的差距分别为 16.5、23.4 分以及 30.8 分，较 2022 年得分差距分别扩大了 0.6、0.3 分与 1 分。这表明 2023 年，不同经济收入水平国家间的创新活动水平差距仍在持续增大，以高经济收入为主的创新领先梯队国家的优势进一步巩固。2022 年与 2023 年不同梯队创新平均得分变化如图 1-5 所示。2022 年与 2023 年高收入经济体与各收入水平经济体 GII 分值差如图 1-6 所示。

---

❶ 根据 GII 排名划分全球创新梯队，排名 1～33 位为第一梯队，34～66 位为第二梯队，67～99 位为第三梯队，100～132 位为第四梯队。

❷ 参考世界银行对全球经济体收入水平的划分标准，按人均国民收入水平划分为高收入 HI（>13846 美元）、中等偏上收入 UM（4466～13845 美元）、中等偏下收入 LM（1136～4465 美元）和低收入 LI（<1135 美元）四类，下文中等收入经济体包含中等偏上与中等偏下收入经济体，中低收入经济体指除高收入经济体外的其他经济体。

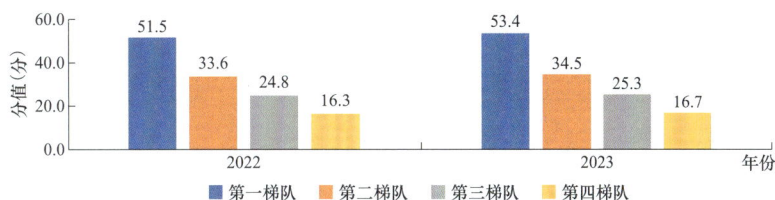

图 1-5　2022 年与 2023 年不同梯队创新平均得分变化

图 1-6　2022 年与 2023 年高收入经济体与各收入水平经济体 GII 分值差

中国保持创新竞争力，但创新竞争力提升进度放缓。2023 年，中国保持创新竞争力，创新指数为 55.3，高于第一梯队平均创新指数得分，并且依旧是第一梯队中唯一的中等收入经济体，排名第十二，相较于 2022 年排名下降了 1 位。然而，相较于第一梯队在 2023 年创新指数得分提升了 1.9 分，以及亚太地区创新指数得分提升 2.8 分，中国 2023 年创新指数得分并未发生变化，而排名相近的新加坡、德国、芬兰、丹麦、法国以及韩国创新指数得分均得到了提升。分细项来看，除了知识与技术产出排名没有发生改变，中国在其他维度上的得分排名均出现了下滑，说明中国在构建自身创新竞争力的过程中遇到了困难。主要原因在于 2023 年，美国持续采取单边行动，加大对中国的科技对抗力度，导致在短期内中国创新竞争力的提升遭到外部因素的强烈干扰。与中国得分接近的经济体分数变化、2021—2023 年中国各创新要素排名变化情况如图 1-7 和图 1-8 所示。

图 1-7　与中国得分接近的经济体分数变化情况

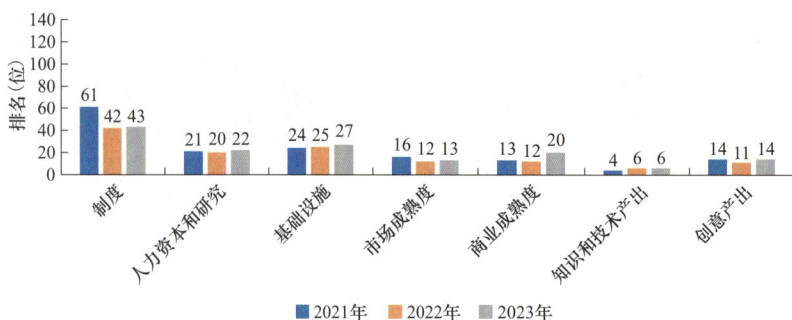

图 1-8　2021—2023 年中国各创新要素排名变化情况

1.3.2　美国意图打造技术"小院高墙"，对中国围追堵截

中国在数学、物理学等基础学科水平与美国仍存较大差距。当前中美的技术竞争日渐白热化，根据中国科学院科技战略咨询研究院发布的《2023 研究前沿热度指数报告》，报告通过对农业科学/植物学和动物学、生态和环境科学、地球科学、临床医学、生物科学、化学与材料科学、物理学、天文学与天体物理学、数学、信息科学、经济学/心理学和其他社会科学这十一大学科领域的110 个热点前沿和 18 个新兴前沿的核心论文与施引论文的数量和被引频次份额进行分析，从贡献度和影响度两个角度建立前沿指数评估模型，对世界主要国家在研究前沿的产出和影响进行评估。在 128 个前沿研究方向中，美国在 69 个方向中排名第一，中国在 31 个方向中排名第一。其中在农业科学/植物学和动物学以及化学与材料科学领域，中国的优势较大，在信息科学、生态与环境科学、经济学/心理学及其他社会科学这三个领域，中国虽然领先，但中美的差距较为接近。而美国的优势十分突出，在生物科学、临床医学、物理学、地球科学、天文学与天体物理学以及数学领域这些优势领域中均与中国拉开较大的差距。中美两国在十一个学科的研究前沿热度指数得分如图 1-9 所示。

　　由于数学、物理等基础学科研究水平与美国存在较大差距，部分关键底层技术受制于美方。为打压中国高科技技术发展以巩固全球霸主地位，美国连续采取单边行动，意图持续推进对华科技"脱钩""断链""阻流"，导致中美科技竞争烈度持续上升，中美竞争日渐呈现出全面性、结构性、长期性的趋势。截至 2023 年，美国连续采取系统性的措施，从技术供给、金融资源、人才交流、限制企业主体行为四个方面对中国的技术发展设置障碍。

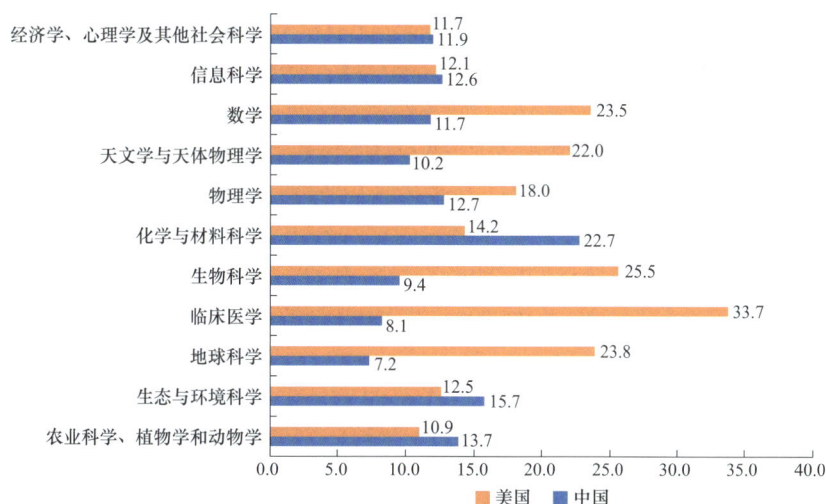

图 1-9　中美两国在十一个学科的研究前沿热度指数得分

美国持续加大对中国技术供给的封锁力度。美国从出口管制、限制替代技术以及组建排华技术联盟三个维度构建对华技术供给封锁，试图通过技术封锁取得对华技术领先优势。**一是持续加强对华技术出口管制**。2023 年 10 月 17 日，美国商务部工业与安全局发布了《先进计算芯片更新规则》及《半导体制造物项更新规则》。这两份规则是美国商务部工业与安全局针对其于 2022 年 10 月 7 日发布的出口管制规则（以下简称《1007 规则》）的修订，在 1007 规则的基础上聚焦在先进计算芯片、半导体设备和先进半导体生产制程等领域，全面升级了对华半导体行业的出口管制规则，一方面显著扩大了涉及的产品范围，提高了中国获取特定芯片的难度，另一方面扩张了出口许可证要求的国家及地区的范围，限制中国从其他途径获取相关技术。**二是阻碍相关国家为中国提供替代技术**。截至 2023 年，美国正向包括荷兰、日本、德国和韩国在内的盟友施压加码，要求收紧对中国获得半导体技术的限制措施，企图限制中国在发展国内芯片能力方面取得进展，并控制芯片产业中关键的化学物质和更多的机械部件，内容包括阻止荷兰光刻机巨头阿斯麦为中国提供芯片制造设备以及运维服务，阻止日本企业向中国出口包括光刻胶在内的芯片制造的专用化学品，阻止德国向中国提供先进芯片生产所需的光学元件以及阻止韩国为中国提供芯片以及芯片制造设备，减少在中国半导体设备生产线的升级和扩建计划。**三是在多个领域组建排除中国在外的技术联盟**。2023年，美国积极推动在芯片领域、信息技术以及人工智能领域推动建立排除中国在外的技术联盟，意图建立对中国的技术封锁与竞争优势。**在芯片领域**，2023年美国拉拢韩国、日本和中国台湾组建CHIP4联盟，并于2月召开首次高级官员视频会议，CHIP4联盟的参与方在全球芯片供应链中扮演重要的角色，分别承担设计、材料供给以及制造的角色，美国意图通过成立CHIP4联盟将中国孤立在外，短期内威胁中国供应链安全，长期将中国排挤在国际技术标准之外。**在信息技术领域**，美国在2023年推动美国、英国、澳大利亚、加拿大、捷克、芬兰、法国、日本、韩国和瑞典十国组建6G联盟，意图推进将中国排除在外的6G无线通信系统的研发与标准化，争夺对6G标准的主导权。**在人工智能领域**，2023年5月，IBM、英特尔、索尼集团以及耶鲁大学等来自多个国家的组织成立人工智能联盟，该联盟将中国与俄罗斯机构排除在外。

美国持续尝试掐断对中国高新技术产业的金融资源供给。2023年，美国持续通过金融手段对中国高新技术产业发起攻击，尝试通过对资本市场、产业投资以及政府补助三条资金渠道进行干扰，意图压缩中国高新技术产业的金融资源，延缓中国高新技术产业发展。**一是压缩中国上市企业融资渠道**。截至2023年，美国持续对在美国上市的中概股进行打压，美国证券交易委员会根据《外国公司问责法案》，先后将百济神州、盛美半导体、百度、京东以及拼多多等159家中概股企业列入"预摘牌名单"，这些企业处于生物医学、信息技术、半导体等高新技术领域，美国意图通过对中国在美上市企业进行打压，压缩中国高新技术企业的融资渠道，减少高新技术企业的资源获取。**二是限制美国对华企业投资范围**。继2021年6月3日，美国总统拜登发布政令，以"涉及军事威胁"为由，将包括华为、中国航天科技、中国移动通信等在内的59家中国企业列入禁止美国人投资的"黑名单"后，2023年8月9日，美国总统拜登签署行政令设立对外投资审查机制，限制美国主体投资中国半导体和微电子、量子信息技术和人工智能等领域。美国意图通过阻止美国人对中国高新技术产业的投资，减少对中国的创新技术发展的资源，延缓中国的技术发展节奏。**三是禁止对中国参股的美国企业进行财政补助**。截至 2023 年，根据美国众议院提出的第 1138 号法案，美国小企业管理局被禁止向总部设在中国或中国公民拥有超过 25%投票权的股份制小企业提供援助、资助或协助。

美国进一步阻断中美人才交流通道，阻碍中国科技人才队伍建设。以有 45 年历史的中美科技合作协定到期不续签为标志，2023 年，美国在人才培养、技术交流、华裔技术人才审查方面持续发力，阻碍中美人才交流，意图打压中国高科技发展的人力资源。**一是为中国学生设置专业限制，制约中国相关学科人才培养**。截至 2023 年，美国政府通过延续 STEM 学科中国留学生每年一签的政策，并且以将 22 个专业新列入 STEM 清单的方式，收紧对中国留学生的签证，阻碍中国高新技术人才培养。同时，延续美国的 10043 号总统令，持续以"增强军事力量"为由限制国防七校和中国理工科学院的学生赴美留学，对中国留学生入境进行盘查、打压甚至注销签证，2023 年每月均有数十名赴美留学生被强制遣返，在美国的阻挠下，相比于 2019 年，2023 年在美中国留学生从 37 万降低至 29 万，降幅达 21%。**二是阻碍中美学者学术入境，阻挠中美技术交流**。2023 年，美国继续以"军民融合战略"为由，在高科技领域限制相关的访问学者入境，2023 年 12 月，美国佛罗里达州生效通过了 SB 846 法案，明确规定该州所有公立大学被禁止与任何居住在包括中国在内七个"受关注国家"的非美国公民建立"伙伴关系"，中国研究生和博士生将被禁止进入实验室。**三是审查涉华技术人才，升级"技术猎巫"行动**。在"中国行动计划"结束后，美国"技术猎巫"的行动并未停止，而是从对华裔技术人才的审查转向对涉华技术人才的审查，将主体从华裔人员扩大至涉华人员。截至 2023 年，美国多项对涉华人才的政令依旧生效，包括《芯片与科学法案》中要求接受任何联邦资助的高校都要证明其研究人员及学生没有参与"恶意的外国人才招聘计划"，以及美国商务部关于从事高端芯片制造业的未获许可证在华工作的"美国人"

相关的民事和刑事处罚的政令。

美国持续加码对企业主体的行动引导。美国持续尝试对企业主体的行动进行引导干涉，从而对中国的技术发展进程造成影响，通过引导本国企业活动与限制中国企业活动两种方式，对中国创新活动主体的运行产生实质性的干扰。**一是美国持续引导本国企业减缓对华活动，对中国产业进行"卡脖子"行动。**截至2023年，美国相继通过推动MATLAB、EDA、Figma、Hashicorp企业版、GMS服务以及Behance等软件服务对中国进行断供，更进一步，2023年，美国政府继续尝试推动美国企业对中国进行云服务的断供。在硬件方面，根据《芯片与科学法案》的要求，美国政府要求接受美国补贴的企业10年内不得参与在中国的实质性扩大半导体产能的重大交易。**二是限制中国企业在美投资活动，高新技术领域成为重灾区。**截至2023年，美国政府重点审查中国企业在美国"关键技术领域""关键基础设施"范围的投资行为，累计否决38项中国企业交易行为，其中涉及半导体与电子、信息通信、航空以及新材料等高新技术领域的交易达28项。对于已经达成的交易，美国政府也会要求中国企业进行强制剥离，例如美国政府在字节跳动完成对美国音乐在线的收购行动后，要求字节跳动在一年后对其进行强制剥离，甚至尝试对字节跳动旗下TIKTOK业务进行强行收购，以及叫停中联重科收购美国重型机械巨头雷克斯公司等。被美国政府否决的领域分布如表1-2所示。

表1-2　　　　　　　　　　被美国政府否决的领域分布[1]

行业	信息通信	数据	半导体	能源/矿产	电子	制造业	航空	新材料
数量	7	7	5	5	3	3	2	1

1.3.3　中国坚持以高水平对外开放打造国际创新生态圈

面对美国在技术、资源、人才以及企业四个方面的围追堵截，不断对中国

---

[1]　数据来源：张俊芳、周代数、张明喜、苏牧、郭滕达.《美国对华投资安全审查的最新进展、影响及建议》，国际贸易，2023（5）：56-65.

创新活动进行干涉以及阻碍。中国始终坚持对外开放的态度，通过加入技术联盟、调配资源、打造人才高地以及政企合作共同开拓前沿领域的方式，打造开放式国际创新生态圈，推动在各个前沿领域的进步，打破美国的封锁。

在技术供给领域，面对美国在技术供给层面的持续打压，中国通过推动科技自立自强以及积极融入国际技术联盟两条途径，强化自身，对接国际组织，打造技术沟通交流渠道。一是构建突破"卡脖子"技术新体制，强化战略科技力量，推进高水平科技自立自强，2023 年 3 月 10 日，十四届全国人大一次会议批准国务院机构改革方案，重新组建科学技术部，加强科技创新顶层设计，激活科研创新动能。同时，各地政府积极打造高水平创新平台，聚焦基础研究与核心技术自主可控，加快核心技术攻关和技术转化应用，形成更全面创新的基础制度，深化科技评价、科技创新、科技项目和经费管理制度改革，不断优化创新环境。二是积极参加国际技术联盟，加强国际技术交流，截至 2023 年，中国已经在国际电信联盟（ICU）、国际电工委员会（IEC）和国际标准组织（ISO）三大全球范围内公认的国际标准化组织中的两个担任最高领导人，同时，我国企业也在积极推动国际技术交流，参与国际标准制定，华为在全球 600 多个标准组织、产业联盟、开源社区、学术组织中，担任超过 400 个重要职位，累计提交标准提案超过 65000 篇。

在金融资源供给方面，面对美国对中国高新技术产业的金融资源的封锁，中国积极调配金融资源支持本国高新技术产业发展。一是支持上市企业回国上市，发布《与境外证券交易所互联互通存托凭证上市交易暂行办法》，支持 200 亿人民币以上市值的中概股回 A 股上市，允许企业在保留红筹架构的情况下回科创板上市，为上市企业提供融资渠道。二是为初创企业提供资源支持，政府推动科技金融发展，建立覆盖天使投资、创业投资、并购重组投资的科技创新投资基金体系，引导金融机构"投早投小投科技"。三是加大对外开放力度，放宽行业准入限制，逐步取消服务业、制造业、农业以及能源资源等领域的外资投资限制，在自贸试验区打造开放试点，吸引外资进入我国产业，根据联合国贸发会议的数据，2023 年，在全球外国直接投资势头羸弱的背景下，对比其他国家，中国外资流入受影响程度较小，同比下滑 6%，仅低于美国的 3%，其中对中国高新产业的外资投资同比提高 6.5%，反映了中国的对外开放政策有效地为高新产业发展吸引了外资投入。2023 年全球各区域外资直接投资流入情况如图 1-10 所示。

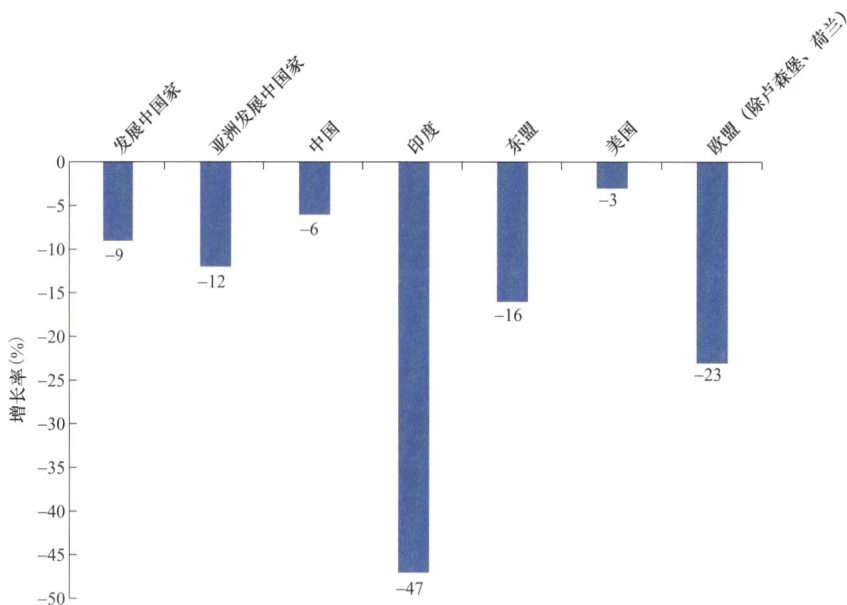

图 1-10　2023 年全球各区域外资直接投资流入情况❶

在人才供给方面，面对美国的人才封锁策略，中国通过完善科技创新基础设施建设与资源供给，推进人才引进与人才培育机制建设，打造创新高地与人才高地，为中国吸引世界创新人才。一是积极推动国际创新高地建设，吸引各国机构设立研发中心，各地政府积极推动国家实验室及基地在各地的高质量建设运行，加大科技基础设施、重大仪器设备、科技数据资源等开放力度，深化基础研究先行区建设，跨区域、跨部门整合科研资源力量，为前沿技术创新活动提供各类资源，继续支持跨国公司在北京、上海、深圳、广州等城市设立研发中心。二是完善人才引入机制，聚焦战略科技人才、海外高层次人才和顶尖人才团队，推进高精尖外籍人才认定标准建设，实施战略科学家特殊引才计划，

---

❶　数据来源：联合国贸发会议。

完善外国专家管理服务机制，实施全球杰出人才优享服务，增强中国对全球创新人才的吸引力。**三是**完善社会人才培育机制，建设与中国现代产业体系发展相匹配的人才体系，建立完善产教融合、校企合作、校地共建、普职分离以及再就业培训等培养机制，强化战略科技人才、科技领军人才、科技转化型人才、高技术型人才等培养。

在企业行为引导方面，面对美国对企业主体经营行为的干扰，中国政府与中国企业紧密协同，企业调整自身投资的区域策略与行业策略，政府出台法律为企业发展保驾护航。一是通过立法对美国的"长臂管辖"进行反制，2023年7月1日，中国的《中华人民共和国对外关系法》正式生效，为我国依法行使反制裁、反干涉的权利提供法律依据，根据《中国禁止出口限制出口技术目录》，再次对美国试图强制收购字节跳动旗下 TIKTOK 业务的行为进行有力的还击。**二是**中国企业也在积极根据美国的投资限制行动调整自身的投资决策方向，面对美国持续对中国企业在 TMT（科技、媒体、通信）行业投资行为的干涉，中资企业及时调整策略，将并购方向调整向对健康科技、生命科学和肿瘤学领域，2023 年，中国企业在医疗与生命科学领域的并购金额约为 45.5 亿美元，同比增长 10%，其中北美洲占比为 51%，TMT 行业的并购金额为 87.7 亿美元，同比增加 14%，其中欧洲占比为 34%，拉丁美洲占比 57%。

1.4　小结与展望

立足当下，全球政治经济形势复杂严峻，各国日益重视前沿领域的控制力，"基础研究"与"交叉创新"成为各国布局前沿领域的关键词，通过持续将资源投入到前沿领域，推动前沿领域与产业的结合应用，意图获得关键突破，强化自身竞争优势。在此背景下，"新科技""硬产业"成为创新投资的重点关注领域，在投资规模急剧下降的背景下，"投早""投小"成为风投机构的共识。随着各国对于创新活动重视程度的提高，全球创新活跃度逐渐提升，领先区域与领先梯队的竞争优势进一步扩大，在美国的单边行动下，中美之间科技战进入白热化阶段。

面向未来，各方已形成创新活动是构建未来竞争力的关键因素之一的共识。在此背景下，在美国的持续打压下，中国一方面需要持续加大自身创新竞争力建设，从创新的资源投入、创新的资源转化过程，加强研发投入，持续完善制度体系建设、商业成熟度，推动科研基础设施建设，提升创新产出水平，围绕创新主体需求，加快研发公共设施建设，推动科技成果转化机制建设，打造创新服务体系，持续降低各个主体的研发活动成本，激活我国创新潜力；另一方面持续推动对外开放，积极融入国际技术联盟，打造国际人才高地以及加大对外技术投资力度，打造国际创新生态圈，引入外部资源与科研力量助力我国创新活动开展。

第 2 章

全球领先企业研发投入格局

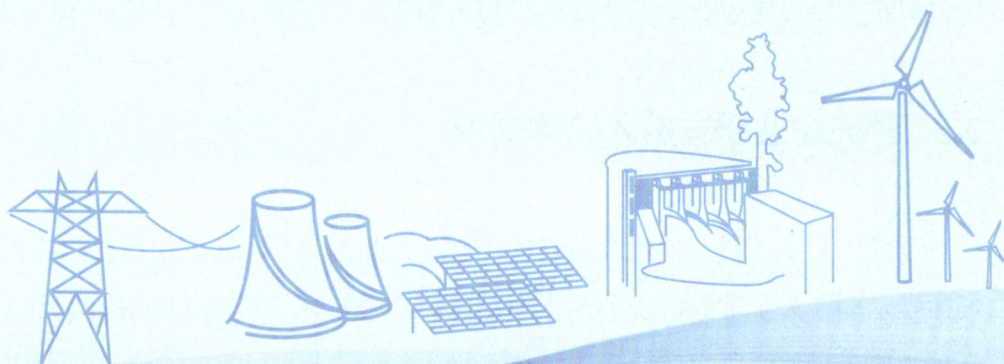

　　企业是科技创新的重要主体，是全球经济与创新活力的重要体现，也是各国提升创新实力与全球竞争力的重要载体。本章聚焦企业研发投入主题，基于《欧盟工业研发投资记分牌》❶榜单选取的全球创新 2500 强企业为分析对象，以"数据分析＋观点输出"的形式描述全球领先企业创新投入现状和格局，呈现在分国别、分产业等维度下企业创新投入的态势及变化趋势。本章将分为四小节：第一，对企业研发投入总体状况进行分析，以了解整体的研发投入规模、投入强度、研发集中度等情况；第二，以国家作为分析维度，剖析企业研发投入规模、投入强度在不同国家间的分布特征；第三，以产业作为分析维度，剖析企业在主要产业领域的研发投入情况，掌握重点技术的创新方向；第四，选取 ICT、生物医药、汽车及零部件、能源行业、智能制造等五大重点受关注的行业，分别从全球视角及中国视角对企业研发投入变化情况进一步展开深入分析，以全面呈现重点行业的企业研发投入表现。

2.1　领先企业研发投入总体情况

　　创新领先企业对全球研发活动的引领作用日益突出，通过积极投入资源开展研发活动，为全球经济复苏注入新动能。在疫情尾声扰动、地缘冲突加剧、全球消费市场信心不足等背景下，创新领先企业通过加大科技创新投入力度，不断推动产品迭代升级，开辟新的消费需求面，为全球经济增长提供强劲动力，领先企业在研发投入上呈梯队分化态势。

2.1.1　研发投入规模保持增长，研发投入强度持续提升

　　2018—2022 年，创新 2500 强企业的研发投入总额继续保持上升态势，由 8234 亿欧元提升至 12 494 亿欧元，年均增速达 12.9%。先进制造领域头部企业是创新领先企业整体投入规模攀升的主要贡献者，2022 年创新 2500 强企业

---

❶ 《欧盟工业研发投资记分牌》于每年 11—12 月发布，由于当年榜单统计的均为企业上一年度数据，故下文涉及的榜单排名数据均为 2023 年 11 月底公布，对应的企业经营数据为 2022 年，依此类推。

研发投入同比增量幅度最大的 10 家企业全部处于前 50 名的区间，集中分布于 ICT 服务（3 家）、ICT 硬件（5 家）、汽车（2 家）三大行业领域，累计研发投入同比增长量达 357 亿欧元，占创新 2500 强企业研发投入同比增长总额的比重接近 25%。

2022 年创新 2500 强企业研发投入强度达 4.8%，同比增加 0.1 个百分点，延续了近年来的增长态势，领先 OECD 国家平均研发投入强度 2.1 个百分点，领先幅度相较 2021 年进一步扩大 0.1 个百分点。头部企业研发投入提升是推动创新领先企业整体投入强度提升的关键因素，2022 年前 10 名企业的平均研发投入强度达 16.7%，较上一年增加了 2.8 个百分点，前 50 名企业的平均研发投入强度为 10.3%，同比增加了 0.3 个百分点，均明显高于创新 2500 强企业平均水平。2013—2022 年 OECD 国家与全球创新 2500 强企业研发投入强度如图 2-1 所示。

图 2-1　2013—2022 年 OECD 国家与全球创新 2500 强企业研发投入强度

2.1.2　领先企业的研发投入呈梯度分化

头部企业的研发投入占比稳居高位。2018—2022 年，创新 2500 强前 50 名企业的研发投入占创新 2500 强企业研发投入的比重始终高于 35%，2022 年占比已达 39.1%，同比增长 0.4 个百分点，体现了头部企业是研发投入的主力军。

尾部企业上榜名单更新速度快。2021 年创新 2500 强上榜企业中共有 238

家企业未能上榜，2022 年创新 2500 强的退出率接近十分之一（9.5%）。尾部企业竞争激烈程度相较头部企业更加显著，一方面表现为榜单退出幅度更大，2021 年处于第 2001 名至第 2500 名区间的创新 2500 强企业中，共有 143 家企业退出 2022 年创新 2500 强，退出率高达 28.6%，远高于前 500 名企业的 1.6%；另一方面表现为上榜稳定性更低，2022 年处于第 2001 名至第 2500 名区间的创新 2500 强企业平均上榜时间仅为 3.5 年，仅为前 50 名企业平均上榜时间的 1/3。

创新领先企业为经济增长提供强劲动力。从盈利能力上看，2022 年创新 2500 强企业平均利润率达到 11.9%，高于 10%；从市值管理能力上看，2022 年在全球企业市值普遍出现大缩水的背景下，共有 539 家创新 2500 强企业的市值实现逆势增长，占比达到 21.6%。前 50 名企业的研发投入占创新 2500 强企业研发投入的比重如图 2-2 所示。

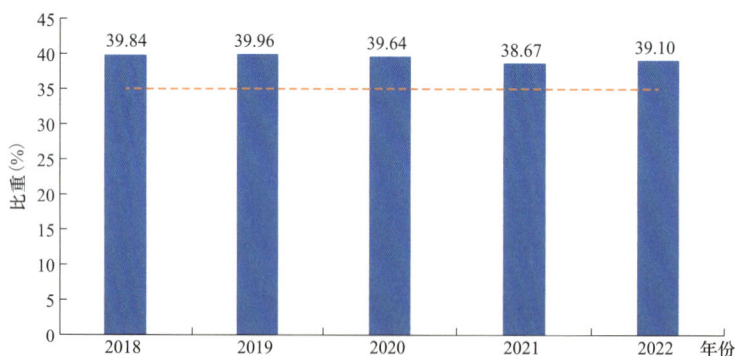

图 2-2 前 50 名企业的研发投入占创新 2500 强企业研发投入的比重

2.2 领先企业研发投入的国家分布

全球创新领先企业日益向美国、中国、欧盟、日本、英国五个经济体集中，为了阅读便利，本小节中将这五个经济体统一定义为优势经济体。各优势经济体在研发投入上呈现分化趋势，中国和美国企业的研发投入保持稳定增长，欧盟、日本企业的研发投入明显下滑，美国企业在研发投入强度上断档领先。

2.2.1 创新领先企业愈加集中于优势经济体

从整体分布上看， 2022 年创新 2500 强企业主要集中于美国、中国、欧盟、日本、英国 5 大优势经济体，占比为 91.7%，同比增加 0.8 个百分点。值得关注的是，2022 年 5 大经济体的上榜企业数量出现走势分化。一方面，美国延续了其近年来的上升趋势，共有 827 家企业上榜，同比增加 6 家企业，全球优势地位得到进一步巩固；欧盟有效扭转了其近年来持续下滑的趋势，共有 367 家企业上榜，同比增加 4 家企业；另一方面，日本下滑态势依旧，仅有 229 家企业上榜，相较 2021 年减少 4 家企业；中国受台湾地区上榜数量影响，快速增长势头有所放缓，上榜总量由 2021 年的 762 家下降至 2022 年 756 家，同比减少了 6 家企业。2021 年和 2022 年全球创新 2500 强企业在重点国家分布对比情况如图 2-3 所示。

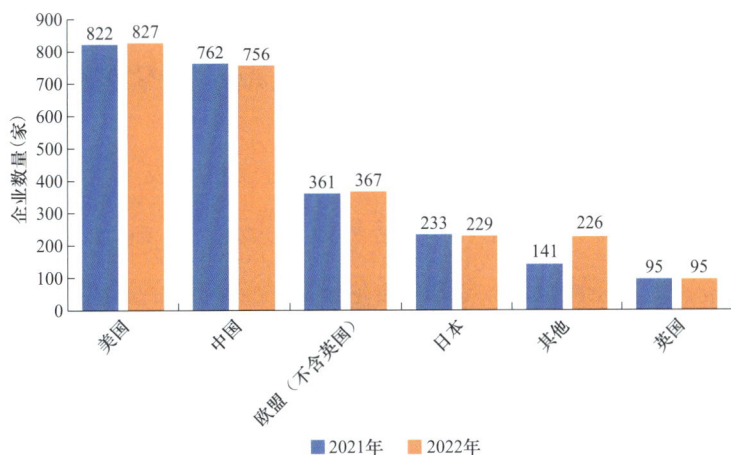

图 2-3　2021 年和 2022 年全球创新 2500 强企业在重点国家分布对比情况

从头部企业分布上看， 2022 年创新 2500 强企业中前 50 名企业的国家分布情况保持稳定，仍集中于美国、欧盟、中国、日本、英国、瑞士、韩国 7 个经济体，与 2021 年保持一致。具体而言，欧盟、中国、英国、瑞士、韩国的前 50 强企业数量与 2021 年持平，分别为 12 家、5 家、2 家、2 家、1 家；日本前 50 强企业的数量相较 2021 年减少 1 家，仅为 5 家，主要系电装公司 2022

年的研发投入增长缓慢，公司排名由前一年的第 50 名下滑至第 53 名；美国前 50 强企业的数量由 2021 年的 22 家进一步增加至 23 家，主要系超威半导体公司（简称"AMD"）在 2022 年的研发投入同比激增 76%，推动公司排名由上一年的第 65 名攀升至第 44 名。2022 年前 50 名企业的国家分布情况如图 2-4 所示。

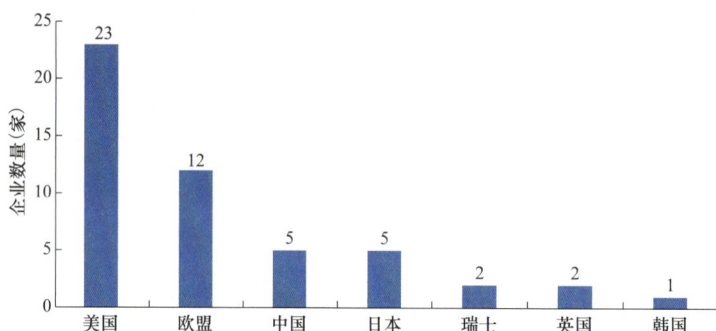

图 2-4　2022 年前 50 名企业的国家分布情况

2.2.2　优势经济体的领先企业研发投入规模呈现加速分化趋势

从整体分布上看，2022 年，创新 2500 强企业研发投入集中在美国、中国、欧盟、日本这 4 个优势经济体，4 大经济体研发投入合计占比达 86.8%，较 2021 年下降 1.6%。4 大经济体创新 2500 强企业的投入占比也呈现出加速分化的趋势。具体而言，美国的研发投入占比保持相对稳定，2018—2022 年间的投入占比始终处于 38.0%～42.1% 的高位区间，优势地位十分稳固；中国的研发投入增长势头迅猛，投入占比在近 5 年间接近翻番，由 2018 年的 11.7% 大幅跃升至 2022 年的 17.8%，其中，中国大陆地区企业 2022 年的投入占比达到 17.3%，已接近欧盟的占比份额；欧盟、日本的研发投入占比近 5 年间下滑态势明显，欧盟研发投入占比由 2018 年的 21.7% 降低至 2022 年的 17.6%，下降 4.1%，日本研发投入占比由 2018 年的 13.3% 下滑至 2022 年的 9.3%，下降 4.0%。2022 年全球 2500 强企业研发投入国家分布情况如图 2-5 所示。2018—2022 年优势经济体领先企业研发投入占比情况如图 2-6 所示。

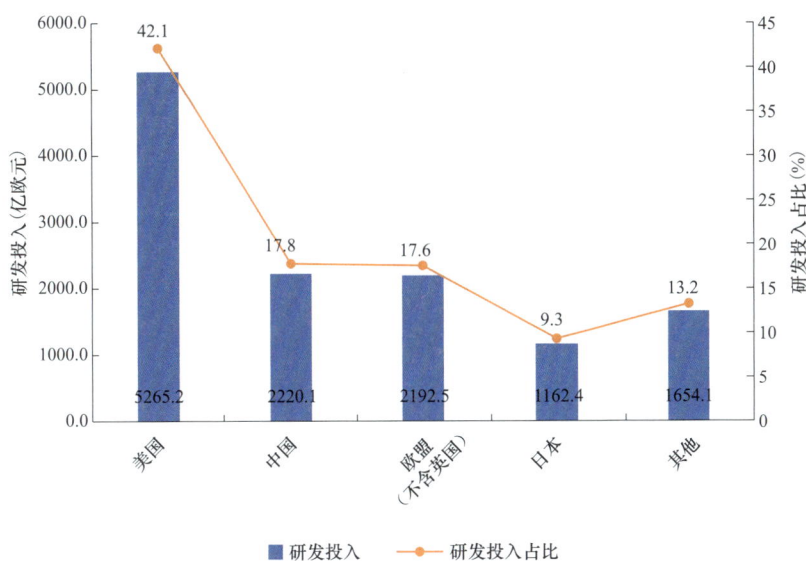

图 2-5　2022 年全球 2500 强企业研发投入国家分布情况

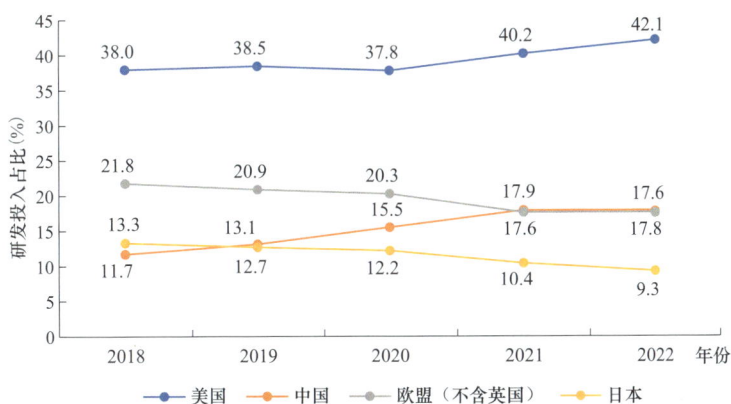

图 2-6　2018—2022 年优势经济体领先企业研发投入占比情况

从头部企业分布上看，2022 年创新 2500 强企业前 50 名企业的研发投入为 4885.9 亿欧元，同比增加 656.0 亿欧元，美国、中国、欧盟、日本 4 大经济体前 50 名企业的研发投入合计占比达 88.7%，同比增加 0.6%。其中，美国在头部企业梯度中的投入规模优势更为显著，2022 年前 50 强企业投入占比达 54.5%，显著高于本国企业研发投入占创新 2500 强研发投入之比 12.4%；中国、日本两国在头部企业梯队中投入能力不足的劣势较为突出，2022 年前 50 强企业投入占比分别仅为 9.9%、6.3%，分别落后本国企业研发投入占创新 2500 强研发投入之比 7.8%和 3.1%；欧盟在头部企业梯队中的投入能力与其总体投入水平相当，2022 年前 50 强企业投入占比达 17.9%，稍高于本国企业研发投入占创新 2500 强研发投入之比 0.1%。2022 年主要国家创新 2500 强中前 50 名企业的研发投入占比如图 2-7 所示。

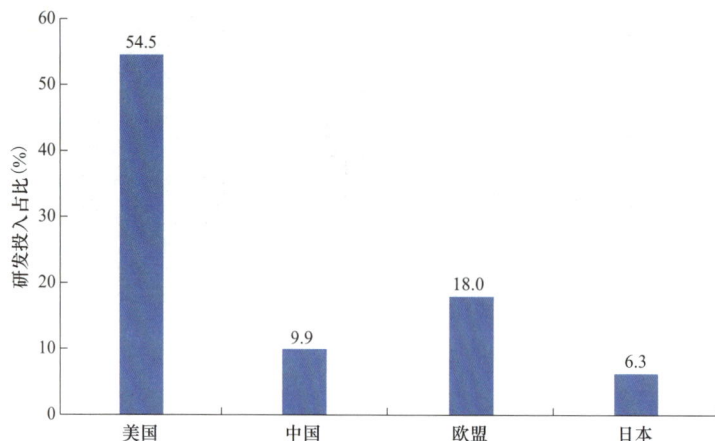

图 2-7　2022 年主要国家创新 2500 强中前 50 名企业的研发投入占比

2.2.3　优势经济体间的领先企业研发投入强度差距显著

从整体分布上看， 美国在研发投入强度上断层领先，相较中国、欧盟、日本具有显著优势。具体而言，美国延续了近 5 年来研发投入强度持续增长的势头，2022 年达到 7.9%，仍然高居全球首位，领先创新 2500 强企业平均水平 3.4%，约为中国、欧盟、日本三国平均水平的 2.5 倍；欧盟、日本近年间研发投入增长远不及营收增幅，导致研发投入强度持续下滑，2022 年都仅为 3.8%，同比下降 0.1%，落后创新 2500 强企业平均水平 1%；中国近年来研发投入强度快速增长，2022 年达到 3.8%，同比增长 1.8%，已接近欧盟、日本平均水平，但仍落后创新 2500 强企业平均水平。2022 年各地区研发投入强度相关情况如表 2-1 所示。

表 2-1　　　　　　　　2022 年各地区研发投入强度相关情况

投入强度	欧盟	美国	中国	日本	其他	总计
企业数量	367	827	679	229	398	2500

续表

投入强度	欧盟	美国	中国	日本	其他	总计
研发投入（十亿欧元）	219.2	526.5	222.1	116.2	165.4	1249.4
研发投入同比增长率（%）	13.6	12.7	16.4	10.4	9.1	12.8
营业收入（十亿欧元）	5 753.5	6 496.4	5 796.4	3 041	5 218.4	26 305.8
营业收入同比增长率（%）	16.8	11.3	10.7	15.2	0.18	14.1
研发投入强度（%）	3.8	7.9	3.8	3.8	3.2	4.7
营业利润（十亿欧元）	559.2	984.9	422.9	214.8	946.2	3 128.2
营业利润同比增长率（%）	−2.2	0.7	0.9	8.7	21.9	6.3
利润率（%）	9.7	15.4	7.30	7.1	18.1	11.9
资本性支出（十亿欧元）	312.6	381.3	414.3	174.2	367	1 649.7
资本性支出同比增长率（%）	9.3	19.2	12.3	5.1	0.18	13.7
员工数量（百万）	15.1	11.2	16.6	8.2	6.7	57.1
员工数同比增长率（%）	1	3.9	4.3	−2.0	−2.1	1.6%
人均研发投入（欧元/人）	14 423	46 091	14 073	14 160	24 524	21 702
市值（十亿欧元）	4 775.2	19 902.4	2 615.1	2693	7 806.3	39 504.9
市值同比增长率（%）	−20.2	−17.8	−21.9	−1.2	−6.3	−15.6

从头部企业分布上看， 2022 年，创新 2500 强企业前 50 名企业的研发投入强度为 10.3%，同比增加 0.5%，美国、中国、欧盟、日本 4 大优势经济体仍是前 50 名企业的主要来源地区，四大区域合计研发投入合计占比达 88.6%。其中，美国头部企业梯队的投入强度呈现"多超多强"的结构特征，表现为拥有英特尔、英伟达、礼来、AMD 等多家投入强度在 20% 的超级企业，且超过 80% 的企业研发投入强度高于前 50 强企业平均水平；中国、欧盟头部企业梯队的投入强度水平相近，均呈现"一超少强"的结构特征，体现为虽然拥有华为、

勃林格殷格翰等个别研发投入超过 20%的超级企业，但头部企业的整体研发投入水平相对较低，落后前 50 强企业平均水平；日本头部企业梯队的研发投入强度缺乏整体竞争力，体现为绝大多数头部企业的研发投入强度在 10%以下，仅 1 家企业高于前 50 强企业平均水平。

2.3　领先企业研发投入的产业布局

全球创新领先企业往 ICT 硬件和电子电气设备、制药和生物技术、软件和 ICT 服务、汽车及零部件等前沿领域聚焦的趋势仍在加强，但受产业发展阶段及外部因素影响，各领域企业研发投入表现有所分化，其中软件和 ICT 服务、汽车及零部件领域的研发投入增长尤为显著。同时美国、中国、欧盟、日本四个优势经济体在 ICT 硬件和电子电气设备、制药和生物技术等前沿领域的研发投入占比进一步增加，创新优势地位进一步巩固。

2.3.1　领先企业研发投入的行业分化趋势愈发显著

领先企业研发投入向前沿产业领域集中。2022 年，领先企业的研发投入进一步向前沿技术领域集中，推动创新 2500 强企业研发投入总额同比增长 14.4%，但多数行业的研发投入表现存在衰退风险。一方面，2022 年 ICT 硬件和电子电气设备、制药和生物技术、软件和 ICT 服务、汽车及零部件四大前沿领域的研发投入集中度进一步提升，合计研发投入占比达 74.7%，同比增长 1.8%；另一方面，2022 年共有 21 个行业的研发投入增长不及全球平均水平，并导致研发投入所占比重出现下滑，其中 6 大行业的研发投入更是出现负增长。

软件和 ICT 服务领域、汽车及零部件领域的研发投入快速增长。随着边缘计算、数字孪生、云计算、区块链等前沿数字技术的加快发展与全行业数字化改造需求持续升温，软件和 ICT 服务行业的发展预期、市场规模及市场竞争烈度不断提升，推动行业企业普遍选择加大研发投入以抢占市场份额，2022 年软件和 ICT 服务行业研发投入同比增长 20.7%，领先全球平均水平 6.5%，投入占比达 19.3%，同比增加 1%。汽车及零部件产业在逐步迈入成熟期后，行业企业为打破固有竞争格局，纷纷开启新一轮创新布局，重点围绕全固态电池技术、氢燃料电池技术、高阶智能驾驶技术等颠覆性技术领域加大研发投入力度，2022 年汽车及零部件行业研发投入同比增长 25.5%，领先全球平均水平 11.3%，投入占比达 13.8%，同比增加 1.2%。2022 年软件和 ICT 服务、汽车及零部件领域企业研发投入情况如图 2-8 所示。

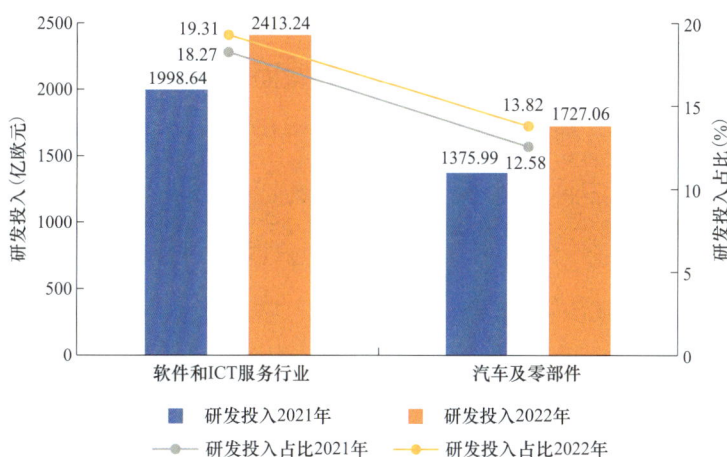

图 2-8　2022 年软件和 ICT 服务、汽车及零部件领域企业研发投入情况

金融服务、医疗保健服务等现代服务业的研发投入保持强劲增长。数字经济作为经济增长的重要源泉与提高全要素生产率的重要途径，既是促进服务业"量"的持续扩大的重要载体，更是保证服务业"质"的持续提升的重要依托，推动数字经济与现代服务业深度融合已成为当前全球科技创新的一大重要趋势，引领现代服务业领域的领先企业普遍加大数字化研发投入。2022 年，休闲旅游、金融服务、医疗保健服务行业的研发投入分别同比增长 25.8%、22.2%、23.6%，大幅领先全球平均水平，进一步催生出虚拟展示、智慧导览、远程医疗、数字信贷等新模式新业态，不断开辟新的业务增长点，带动行业营业收入分别同比激增 51.5%、14.1% 和 16.9%。2021 年和 2022 年金融服务、医疗保健服务等行业研发投入情况和营业收入情况分别如图 2-9 和图 2-10 所示。

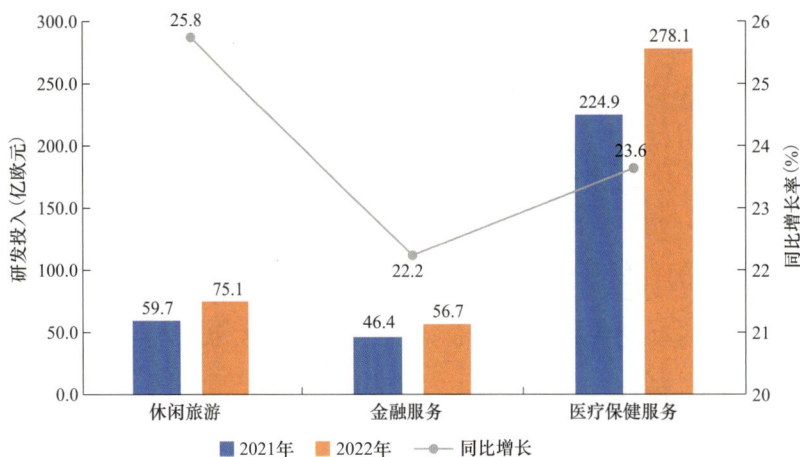

图 2-9　2021 年和 2022 年金融服务、医疗保健服务等行业研发投入情况

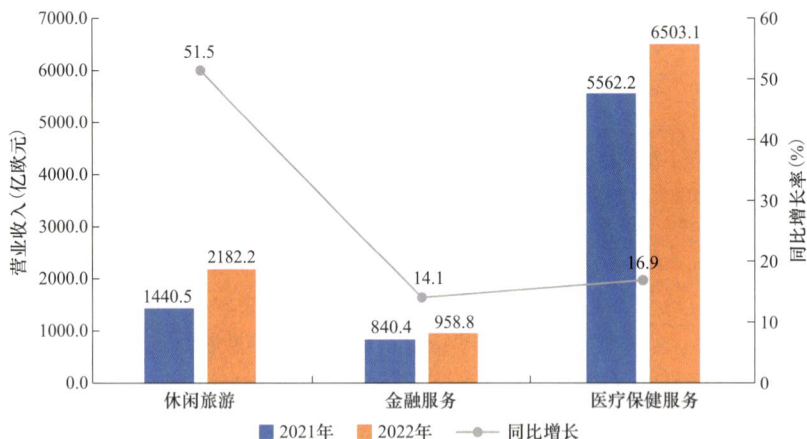

图 2-10　2021 年和 2022 年金融服务、医疗保健服务等行业营业收入情况

制药和生物技术的研发投入增长放缓。随着全球新冠疫情逐步缓和，疫情防控实现常态化运行，由疫情带动的医用防护品、核酸、疫苗及新冠药物等医用产品的研发需求出现明显收缩，行业企业普遍选择通过精简研发管线应对后疫情阶段市场环境的变化，研发投入增速出现回落。2022 年制药和生物技术行业研发投入同比增长 9.8%，低于全球平均水平 4.5%，投入占比减少至 18.7%，同比下降 0.8%。2018—2022 年制药生物技术研发投入额及占比情况如图 2-11 所示。

工业工程、交通运输等传统工业部门的研发投入出现大幅衰退。受宏观经济增速放缓、地缘危机加剧、下游产业市场需求疲软等多重负面因素影响，2022

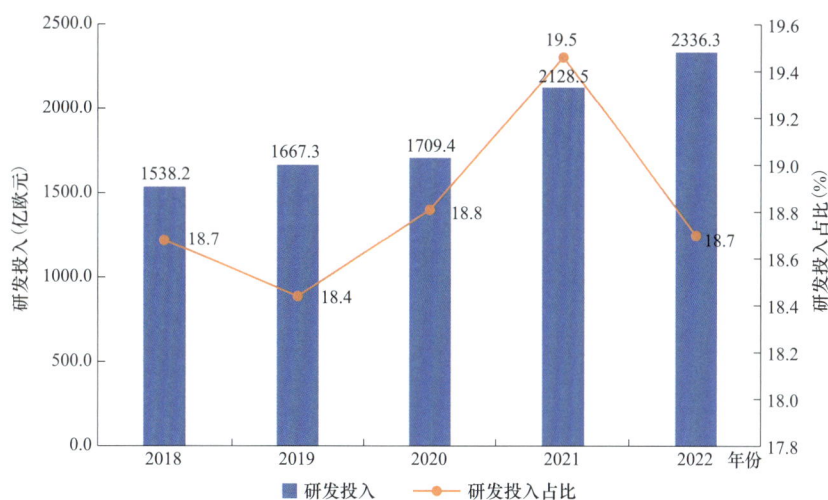

图 2-11　2018—2022 年制药生物技术研发投入额及占比情况

年工业工程、交通运输等传统周期性行业面临更大经营压力，整体营收分别同比降低 29.9%和 22.6%，致使行业企业被迫以缩减研发投入规模以降低经营成本，两大行业的研发投入分别同比降低 37.7%、11.3%，研发投入占比分别仅为 1.7%和 0.2%，较上年度分别下降 1.5%和 0.1%。

2.3.2　优势经济体调整对前沿领域的研发投入策略

优势经济体加大在前沿领域的研发投入力度，并对不同前沿领域的研发投入做出调整。2022 年，美国、中国、欧盟、日本四个优势经济体进一步聚焦 ICT 硬件和电子电气设备、制药和生物技术、软件和 ICT 服务、汽车及零部件等前沿领域开展研发创新活动，在这四大前沿领域的研发投入占比同比分别提升 1.0%、1.1%、2.6%和 2.6%。从全球范围内看，汽车及零部件行业创新热度持续升温是驱动前沿领域研发投入集中度提升的关键因素，2022 年美国、中国、欧盟、日本在汽车及零部件行业的研发投入占比分别为 6.4%、9.0%、33.2%、28.9%，较上年分别增加 1.3%、2.5%、2.5%和 1.0%。2022 年主要国家在全球四大行业和在汽车及零部件行业的研发投入占比情况分别如图 2-12 和图 2-13 所示。

2022 年，不同优势经济体在创新产业布局结构上普遍呈现出两大共性特征：汽车及零部件行业研发投入占比上升、工业工程行业研发投入占比下降，同时显现出诸多差异化特点。

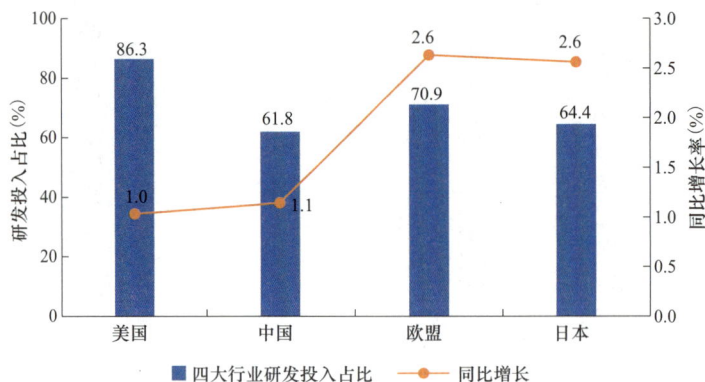

图 2-12　2022 年主要国家在全球四大行业❶的研发投入占比情况

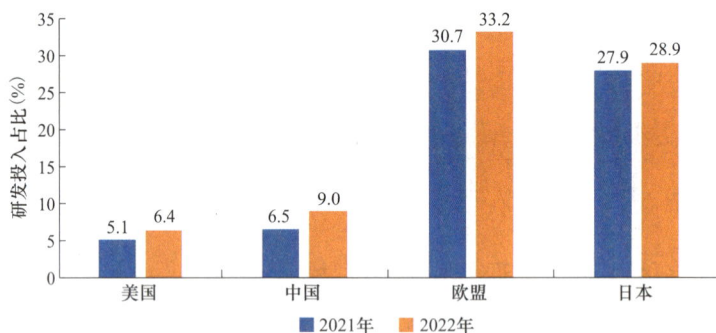

图 2-13　2022 年主要国家在汽车及零部件行业的研发投入占比情况

美国。美国进一步巩固软件和 ICT 服务、ICT 硬件和电子电气设备两大支柱产业的创新优势地位。2022 年美国在软件和 ICT 服务行业的研发投入占比是33.9%，同比提升约 1.4%，在 ICT 硬件和电子电气设备行业的研发投入占比为23.0%，同比提升约 0.8%。相反，制药和生物技术行业在后疫情时代受到较大冲击，2022 年的研发投入占比为 23.1%，同比大幅减少 2.3%。

中国。中国在软件和 ICT 服务、ICT 硬件和电子电气设备两大产业的研发投入减少。2022 年中国在软件和 ICT 服务领域的研发投入占比仅为 13.6%，相比 2021 年明显降低 1.2%，在 ICT 硬件和电子电气设备领域的研发投入占比为

---

❶　全球四大行业指《2023 年欧盟工业研发投资记分牌》研发投入排名前四的行业，包括 ICT 硬件和电子电气设备、制药和生物技术、软件和 ICT 服务、汽车及零部件四大行业。

33.6%，相比 2021 年减少 0.1%。随着环保意识的提高和政策的推动，企业开始注重产品的环保性能和可持续性，在建筑与材料行业领域，中国的研发投入占比达到 11.3%，同比增加 0.1%。

欧盟。欧盟加大太空与国防行业、软件与 ICT 服务行业研发投入。受俄乌冲突影响，2022 年欧盟军费开支创历史纪录，达到了 2400 亿欧元，进一步推动太空与国防行业的研发投入优先级不断上升。统计数据显示，2022 年欧盟在该行业领域的研发投入占比接近 4.0%，相较 2021 年同比增加 0.7%。同时欧盟在软件与 ICT 服务行业的研发投入占比也有明显提高，2022 年的研发投入占比为 6.3%，同比增加 0.4%。

日本。日本化工行业研发投入减少，制药和生物技术行业研发投入增加。受本国需求疲软和原料成本增加影响，2022 年日本在化工行业的研发投入为 75.9 亿欧元，研发投入占比是 6.5%，相较上一年度降低约 0.4%。而在制药和生物技术行业研发投入达到 148.4 亿欧元，研发投入占比为 12.8%，同比增长约 0.6%。

2.4　重点行业领先企业研发投入表现

在数字化、绿色化、智能化大背景下，全球领先企业在重点行业的创新实践呈现差异化特点。汽车及零部件行业领域创新提速，软件与 ICT 服务、ICT 硬件与电子电气设备等领域创新稳步前进，制药与生物技术、能源电力、智能制造等领域创新速度放缓。中国作为后发国家，处于创新高速发展阶段，投入增长快，但企业平均研发投入水平、研发投入强度与全球平均水平仍有差距。在绿色转型和低碳发展的背景下，中国能源电力领域研发投入强度依然领先全球，汽车及零部件领域研发投入强度首超全球行业平均水平。

2.4.1　ICT 行业领先企业研发投入领先全行业水平

全球 ICT 行业创新引领作用愈发凸显，软件与硬件两大领域创新投入均保持增长。随着数字化、网络化、智能化成为全球发展主旋律，各大行业数字化转型需求日益迫切，信息技术融合发展态势逐步显现，为 ICT 行业拓展广阔的市场空间，推动各大 ICT 领先企业通过加大研发投入提升技术迭代效率。软件与 ICT 服务行业方面，创新热度持续升温，领先企业研发投入达 2413 亿欧元，首次迈过 2000 亿欧元大关；研发投入强度达 14.5%，同比增加 2.0%，研发投入强度领先全球平均水平 9.8%。ICT 硬件与电子电气设备行业方面，创新表现稳中有升，领先企业研发投入达 2853 亿欧元，同比增加 15.4%，增速高于全球领先企业平均水平 1.2%；研发投入占比达 22.8%，较上一年度增加 0.2%；研发投入强度达 6.0%，同比增加 0.4%。2020—2022 年全球 ICT 行业上榜企业研发投入总额及占比如图 2-14 所示。

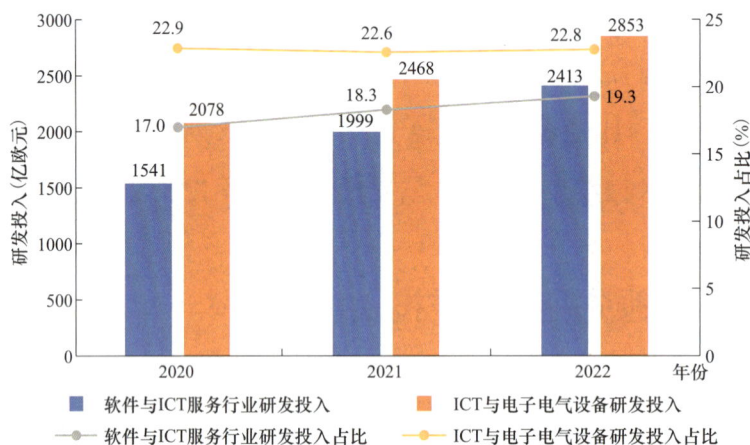

图 2-14　2020—2022 年全球 ICT 行业上榜企业研发投入总额及占比

中国 ICT 行业创新增长势头减弱，研发投入水平与全球行业平均水平的差距进一步拉大。 2022 年，受国内疫情封控、终端消费需求不振等一系列影响，中国 ICT 行业面临较大经营压力，软件与 ICT 服务行业、ICT 硬件与电子电气设备行业分别共有 38 家、100 家领先企业净利润出现负增长，分别占本国上榜企业的 54.2%、44.1%。在这一经营局面下，中国 ICT 企业研发投入受到制约，软件与 ICT 服务行业研发投入占全球行业的比重较上一年度下降 2.3 个百分点，研发投入强度与全球行业平均水平的差距进一步扩大 0.2 个百分点；ICT 硬件与电子电气设备行业研发投入占全球行业的比重同比下降 0.9 个百分点，研发投入强度与全球行业平均水平的差距仍然存在。2020—2022 年中国 ICT 行业上榜企业研发投入及行业占比如图 2-15 所示。

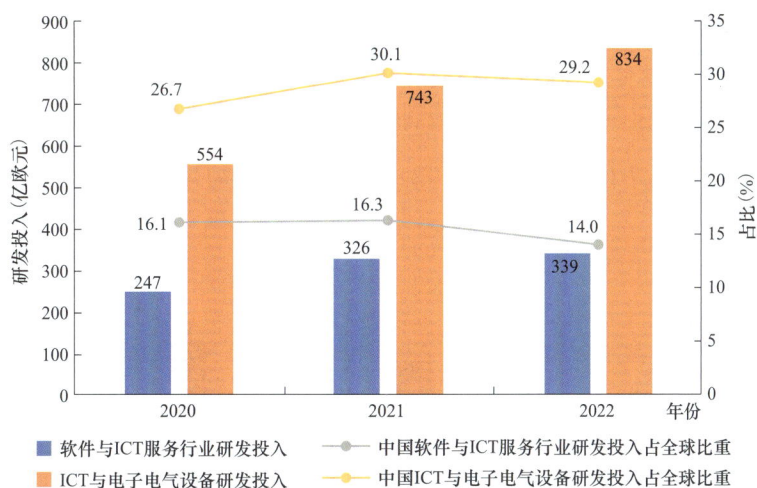

图 2-15　2020—2022 年中国 ICT 行业上榜企业研发投入及行业占比

2.4.2　生物医药行业领先企业研发投入增长放缓

全球制药和生物技术行业领先企业研发投入水平持续提升，但增长势头有所减缓。随着全球人口总量增长、人口老龄化程度提高、各国医疗保障体制的不断完善以及人们保健意识增强成为一项长期演变趋势，全球医药市场持续增长，推动制药和生物技术行业领先企业普遍将科技创新确立为核心战略，不断增加研发投入，2022 年制药与生物技术行业上榜企业数量达到 486 家，相较上一年度增加 8 家；研发投入强度达 16.9%，同比提升 0.4%。但随着 2022 年全球逐步迈入"后疫情"时代，由疫情驱动的特异性创新需求逐步收窄，全年行业研发投入同比增速（9.8%）出现明显下滑，相较 2021 年（24.5%）回落 14.7%。

中国制药和生物技术企业加速追赶全球行业平均水平，受《"十四五"医药工业发展规划》首次明确提出支持企业面向全球市场紧盯新靶点和新机制药物开展研发布局、新版医保目录重点强化 5 年内新药准入支持力度等利好因素的共同推动，2022 年国内领先企业创新药研发受到显著激励，全年上榜企业数量达到 83 家，相较上一年度增加 4 家；研发投入总额达 140 亿欧元，相较 2021 年增加 12.6%，研发投入同比增幅高于全球行业平均水平 2.8%；研发投入强度提升至 7.3%，同比增加 0.7%，研发投入强度与全球平均水平的差距相较 2021 年进一步缩小 0.3%。2020—2022 年制药和生物技术领域上榜企业数量和研发投入情况如图 2-16 所示。2020—2022 年制药和生物技术行业研发投入强度如图 2-17 所示。

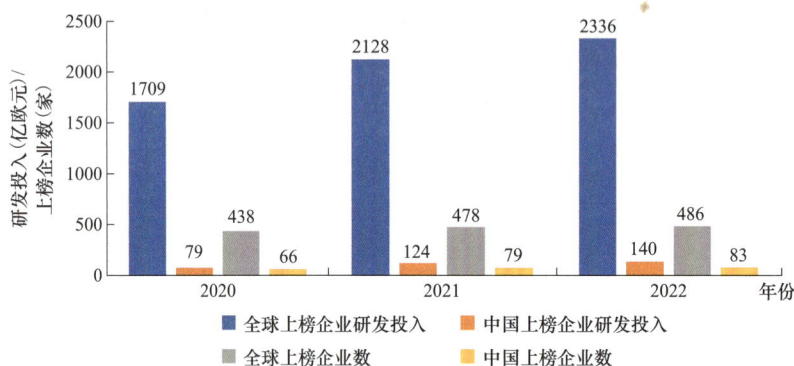

图 2-16　2020—2022 年制药和生物技术领域上榜企业数量和研发投入情况

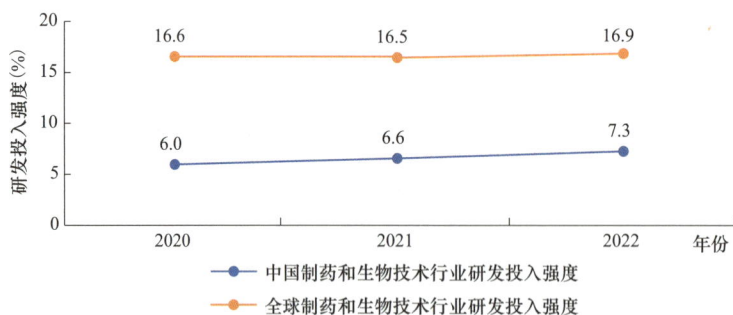

图 2-17　2020—2022 年制药和生物技术行业研发投入强度

2.4.3　汽车及零部件行业领先企业研发投入表现回暖

行业发展重新驶入快车道，企业研发投入迎来爆发式增长。2022 年，全球汽车及零部件行业市场表现实现大幅跃升,领先企业营业收入同比激增 33.3%,营收同比增幅超过 10% 的企业数量占比达 86.7%。经营表现的显著改善叠加颠覆性技术概念的冲击,推动行业企业普遍加大研发投入。2022 年行业企业研发投入强度受行业营收激增的影响同比下滑 0.3%,上榜企业数量同比增加 16.2%;研发投入总额较上一年增加 351.07 亿欧元;平均研发投入首次迈入 10 亿欧元大关,较上一年度增加 0.7 亿欧元;研发投入占比达 13.8%,在 2019 年后首次实现回升。

中国汽车及零部件行业研发表现亮眼,多项研发投入指标迫近或反超全球行业平均水平。2022 年受乘用车市场在购置税减半等促消费政策拉动,叠加国产汽车出口势头良好,带动中国乘用车市场快速发展,为中国汽车及零部件行业加大研发投入提供坚实信心,企业研发投入相关指标实现全面提升,全年中国领先企业上榜数量达 49 家,较上一年度增加 3 家;研发投入达 222.9 亿欧元,较上一年度增加 54.3%,研发投入同比增速领先全球行业平均水平 28.8%;平均研发投入达 4.5 亿欧元,同比增长 45.2%,与全球平均研发投入的差距由上一年度的 6.2 亿欧元减少至 5.5 亿欧元;研发投入强度达 5.3%,同比大幅提升 0.7%,高于全球平均水平 0.5%,彻底扭转了长期以来的落后局面,首次实现对全球行业平均水平的反超。2020—2022 年汽车及零部件行业研发投入及企业上榜情况和研发投入强度如图 2-18 和图 2-19 所示。

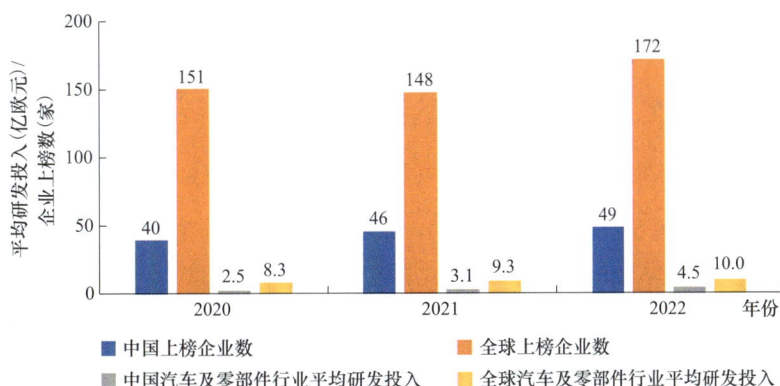

图 2-18　2020—2022 年汽车及零部件行业研发投入及企业上榜情况

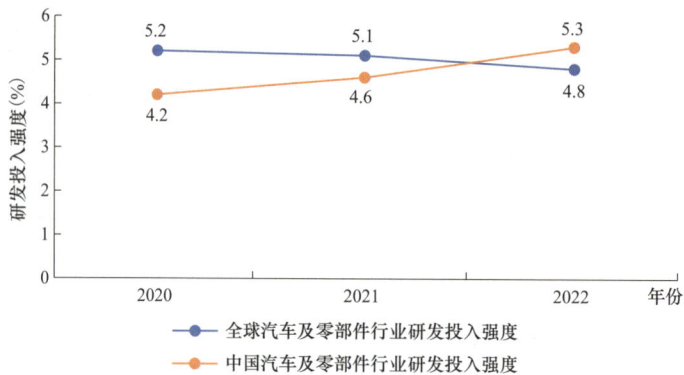

图 2-19　2020—2022 年汽车及零部件行业研发投入强度

2.4.4　能源行业领先企业研发投入强度处于全行业低点

能源电力行业研发投入增长显著放缓，经营形势恶化降低行业研发投入预期。2022 年，受俄乌冲突等地缘政治因素影响，液化天然气和煤炭等上游原材料价格高涨，具有公益性质的能源电力行业普遍经营承压，近半数领先企业的净利润出现 15% 以上的负增长，叠加电力行业技改与新能源技术投资周期长、收益慢的特点，全球能源电力行业的研发投入信心受到较大抑制，全年领先企业上榜企业数量仅为 31 家，较上年减少 5 家；研发投入同比增速为 8.9%，较上一年度滑落 12.2%；研发投入占比为 0.6%，同比降低 0.03%；研发投入强度仅为 1%，同比降低 0.1%，与全球平均水平的差距进一步拉大。

中国能源电力行业的全球创新影响力进一步提升，研发投入水平已接近全球行业平均水平。中国能源电力领先企业主要以国资央企为主，研发投入水平主要受国家战略意志影响，2022 年坚持以"新型电力系统"与"新型能源体系"两大战略主线为引领，加快能源技术创新步伐，全年领先企业研发投入达 18.8 亿欧元，同比增长 15.3%，高于同期全球行业平均增速 6.4%；研发投入占全球行业研发投入的比重达 25.3%，同比提升 1.4%，已连续 3 年保持增长；平均研发投入达 2.4 亿欧元，较上一年激增 50%，与全球行业平均水平差距同比缩减 0.3%，已与全球行业平均水平持平；研发投入强度达 1.6%，同比增加 0.2%，相比全球行业平均水平的领先优势由 2021 年的 0.3% 进一步扩大至 2022 年的

0.6%。2020—2022 年能源电力行业平均研发投入情况和投入强度如图 2-20、图 2-21 所示。

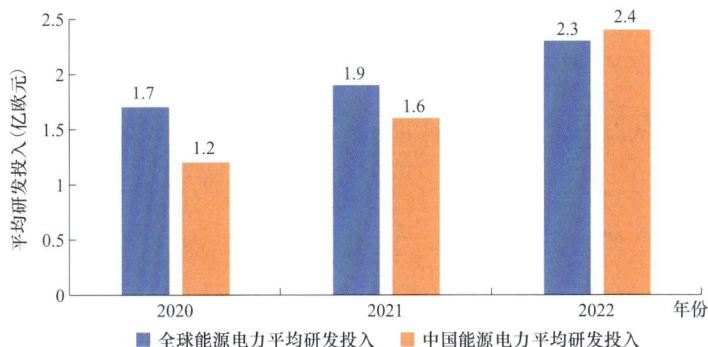

图 2-20 2020—2022 年能源电力行业平均研发投入情况

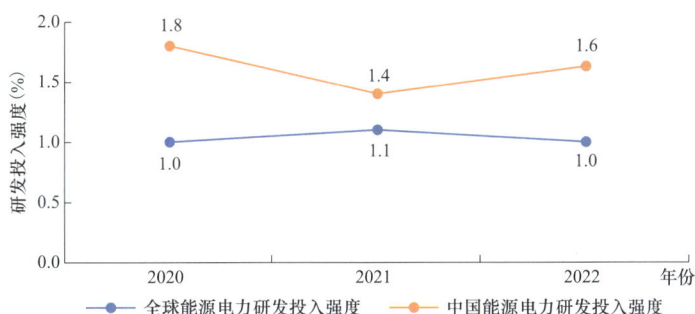

图 2-21 2020—2022 年能源电力行业研发投入强度

2.4.5 智能制造行业领先企业研发投入表现延续下滑

全球智能制造行业研发投入出现显著滑坡。从创新增长上看，2022 年全球智能制造领域企业创新水平加速下降，上榜领先企业数量与研发投入占比延续上一年的下滑势头，研发投入出现负增长。其中，上榜企业数量仅为 140 家，相较 2021 年减少 27 家；全球研发投入占比仅为 1.7%，同比大幅下滑 1.5%。从规模体量上看，全球领先企业平均研发投入规模出现明显下降，由 2021 年的 2.1 亿欧元降低至 1.6 亿欧元，同比降幅达 23.8%。

中国智能制造行业创新热度下降。智能制造行业产品主要以工程机械、电气装备、工业机器人等为主，面向房地产、建筑、仓储物流等下游产业，2022

年受上游侧钢材、原油等原材料价格高位震荡，下游侧国内房地产投资需求下降、疫情封控抑制物流投资需求等因素叠加作用，中国智能制造企业经营压力增大，分别有 14 家企业营业收入出现负增长、21 家企业净利润出现负增长。这一背景下，企业经营压力加速传导至研发投入端，促使中国智能制造行业企业的创新表现出现明显滑落。具体而言，上榜企业总数仅为 44 家，较上一年度减少 8 家；研发投入总额仅为 65.8 亿欧元，同比下降 35.4%，其中 14 家企业研发投入出现负增长，占比高达 26.9%；研发投入占全国创新领先企业研发投入的比重由上一年度的 7.2% 降低至 2.7%，同比锐减 4.5%，降幅远高于全球行业平均水平 3%；平均研发投入仅为 1.5 亿欧元，较 2021 年减少 0.5 亿元。2020—2022 年智能制造行业企业平均研发投入及比重如图 2-22 所示。

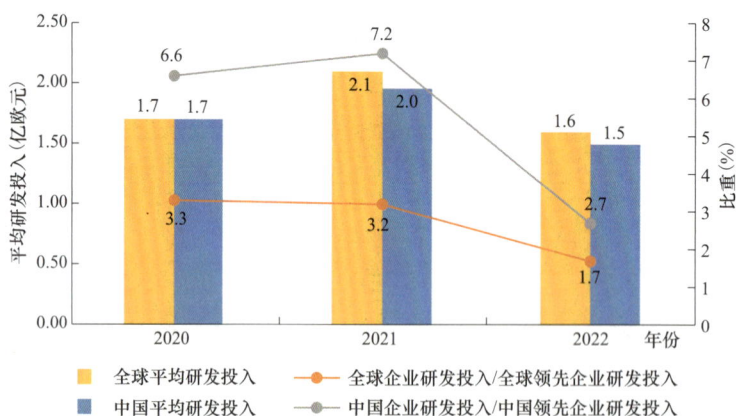

图 2-22 2020—2022 年智能制造行业企业平均研发投入及比重

2.5 小结与展望

创新领先企业积极运用其丰富的创新资源，大力推进研发活动与创新实践，为全球经济复苏注入新动能，仍然是全球经济增长的重要引擎。在创新领先企业整体研发投入不断增长的大趋势下，美国、中国、欧盟、日本四个优势经济体依旧作为主要的高研发投入国家和地区，其中美国企业继续保持着创新领先者地位。创新领先企业研发投入着重向 ICT 硬件和电子电气设备、制药和生物技术、软件和 ICT 服务、汽车及零部件等前沿领域集中，其中汽车及零部件领域行业企业为打破现有竞争格局，实现技术突破和创新驱动，增强核心竞争力，企业研发投入增长显著，伴随着疫情的结束，制药和生物技术行业企业开始精简研发管线以应对新的市场变化，企业研发投入相较疫情前增长放缓。

随着科技创新在国内高质量发展中的重要性和作用日益突出，中国企业在国家创新体系中的地位逐步上升到新高度，在科技创新体系中，企业是参与者更是引领者，通过资源整合、方向引导、研发投入、促进成果转化，企业全方位推动着科技创新生态的健康发展，为自身成长和社会发展贡献了力量。企业需充分利用国家创新优惠政策及资源优势，在创新要素配置、科技创新决策、科研项目攻关、创新产业化应用上发挥主体作用，更好利用外部条件与生态环境，赋能企业创新发展。当前中国的科技创新水平与高质量发展的要求尚不匹配，重点行业领先企业创新投入增长快，但平均研发投入水平、研发投入强度与全球平均水平仍有差距，未来仍需在关键产业领域重点发力，提升全球产业科技竞争力。

第 3 章

全球领先企业创新产出格局

在知识经济蓬勃发展的时代，创新成为推动全球经济进步与产业升级的核心动力。创新产出指在研发过程中取得的创新成果，如专利技术或者新产品，标志着企业在技术领域的先发优势，也是衡量一个国家或地区创新能力的重要指标。由于专利是企业创新产出的直接体现，而 PCT 专利具有普适性，可进行横向对比分析，因此本章节以全球范围内的专利技术申请量为切入点，以 WIPO《PCT 国际专利申请人排行榜》《欧盟工业研发投资记分牌》榜单等权威榜单为数据基础，深入剖析全球领先企业的创新产出状况，旨在通过全面的数据洞察呈现全球创新产出现状和格局。本章内容所提"领先企业"均是指 WIPO《PCT 国际专利申请人排行榜》上的企业❶。具体地，本章节将按照以下思路展开：**首先**，概述全球领先企业创新产出和创新活动的总体情况；**其次**，深入分析国家层面的分布特征，揭示不同国家创新产出的现状趋势；**再者**，立足产业分布视角，详细分析创新产出在不同产业领域的分布差异与特点；**最后**，聚焦于重点行业的头部企业，全面剖析这些企业的创新产出动态演进情况、重点布局的产业领域情况等，以此掌握领先企业的创新布局方向。

3.1　领先企业创新产出总体情况

企业作为科技创新主力，对全球的创新成果总体贡献度不断攀升，各个行业的头部企业创新实力和能力仍保持其核心竞争地位，但其创新产出的领跑优势略有减弱。

3.1.1　全球企业对全球创新产出成果贡献度不断提高

依据 WIPO 历年发布的《世界知识产权报告》相关数据，立足全球视角，从企业 PCT 专利申请量规模、企业 PCT 专利申请量增长速度，企业 PCT 专利

---

❶　WIPO 的《PCT 国际专利申请人排行榜》上榜条件为年度 PCT 专利申请量不少于 10 件的各类机构（包括企业、高等院校、研发机构、政府机构、公共研究组织、个人等）。

申请量占榜单 PCT 专利申请总量的等多个维度展开分析，以掌握企业主体在创新产出方面的总体情况。

企业的 PCT 专利申请数量持续快速增加。 随着全球贸易和经济一体化程度加深，企业为了维护自身在全球市场的竞争地位，越来越重视跨国专利布局，以保护其核心技术的国际市场权益，在这一背景下，企业 PCT 申请数量持续上涨，根据 WIPO 发布的 2013—2023 年历年的《世界知识产权报告》数据，2022 年全球企业 PCT 专利申请量达 243 616 件，同比增长 0.8%。从长期发展变化来看，企业专利申请增长势头显著，2013—2022 年期间 PCT 专利申请年均增长率达 3.8%，高于同时期全球 PCT 专利申请年均增速 0.3%，这反映了企业在创新体系中的作用日益凸显，相较于高等院校、政府及公共研究组织、个人等申请主体，企业对国际专利保护的需求更为迫切，也更能适应快速变化的国际市场环境。2013—2022 年企业 PCT 专利申请数量及增速情况如图 3-1 所示。

图 3-1　2013—2022 年企业 PCT 专利申请数量及增速情况

企业 PCT 专利申请量占比进入增长快车道。 在 2013 至 2022 年间，全球企业 PCT 专利申请量占全球 PCT 专利申请量的比重始终高于 84%，在 2017 年短暂回落后，企业 PCT 专利申请量占比持续快速提高，在 2022 年占比攀升至 87.6%，与 2017 年相比提升 2.8%，这一趋势凸显了企业在国际专利体系中的核心地位持续强化，同时也揭示出企业在全球化背景下对知识产权保护的高度关注以及在技术研发投入上的不断加码，已成为全球知识产权体系建设的核心力量。2013—2022 年企业专利申请量占比情况如图 3-2 所示。

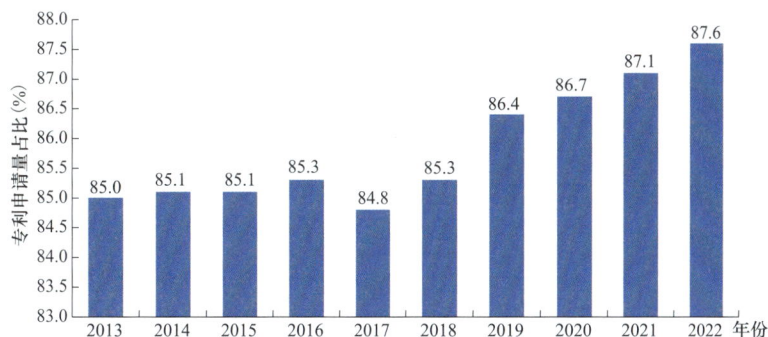

图 3-2　2013—2022 年企业专利申请量占比情况

3.1.2　领先企业的创新产出优势地位有所弱化

将分析对象从全球企业聚焦到领先企业，具体主要以 WIPO 发布的《PCT 国际专利申请人排行榜》数据为基础，着重分析企业的上榜数量、企业 PCT 专利申请量总数、PCT 专利申请量增长率等，以了解领先企业的专利申请概况，并对上榜企业专利申请总量占榜单所有 PCT 专利申请量的比重情况进行分析，以了解领先企业在整体创新产出中的地位。

登上 PCT 专利申请人排行榜的领先企业数量增加，但比重有所下降。根据《PCT 国际专利申请人排行榜》，**从上榜企业数量上看**，近年来，企业上榜数量延续增长态势，由 2019 年的 2363 家提升至 2023 年的 2594 家，5 年内累计增长接近 10%；**从上榜企业数量占比上看**，2019—2023 年期间，《PCT 国际专利申请人排行榜》中企业上榜数量占所有上榜主体的比重总体保持稳定态势，始终维持在 87% 以上的高位区间，领先企业在创新产出中的主体地位较为稳固。进一步看，2023 年企业上榜数量占比为 88.4%，相较 2019 年（88.6%）下降 0.2%，反映出领先企业的创新产出增速稍显不足，这与全球经济的不确定性、国际关系紧张、领先企业内部降本增效等运营策略调整等原因不无关系。2018—2023 年全球 PCT 专利申请主体类型分布情况如图 3-3 所示。

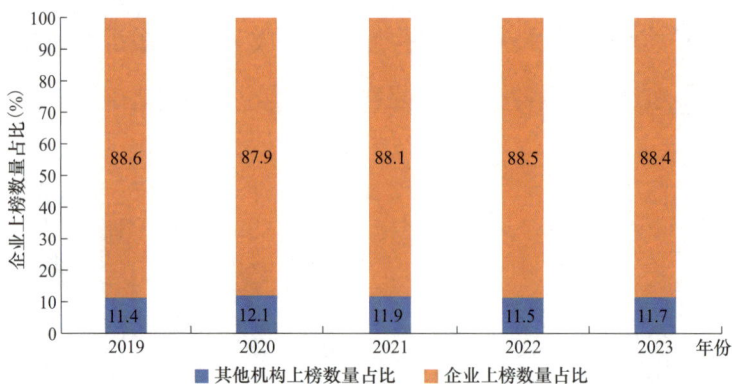

图 3-3　2018—2023 年全球 PCT 专利申请主体类型分布情况

上榜领先企业的专利申请量占比降低。**从 PCT 专利申请数量上看**，2019—2023 年上榜企业的 PCT 专利申请数量呈现波动增长的趋势，由 2019 年的 147 183 件增加至 2023 年的 160 562 件，5 年内累计提升 9%。**从 PCT 专利申请数量占比上看**，2019—2023 年上榜领先企业 PCT 专利申请量占榜单 PCT 专利申请总量的比重始终高于 90%，但占比由 2019 年的 92.9%轻微下滑至 2023 年的 92.0%，减少了 0.9%，反映出领先企业虽在创新产出上仍保持相对强势地位，但同时其他专利申请主体如高等院校、研发机构、政府机构及公共研究组织、个人的国际专利申请活动在增加，与领先企业之间的差距逐渐缩小，全球创新生态系统的竞争正变得更加多元和分散。2019—2023 年领先企业专利申请量及占比情况如图 3-4 所示。

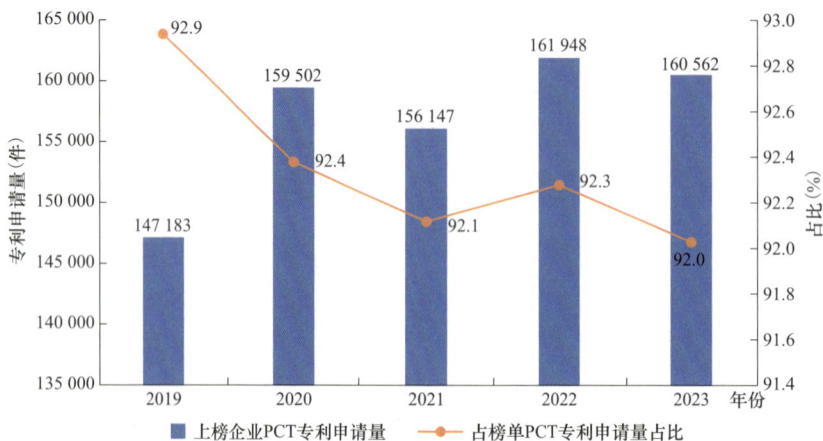

图 3-4　2019—2023 年领先企业专利申请量及占比情况

3.2　领先企业创新产出的国别分布

全球领先企业的创新产出集中于中国、美国、日本、韩国等几个主要国家和地区，随着时间的发展，企业以深厚的积累不断巩固其创新领导地位，以进一步加强其在全球创新产出中的优势地位。与此同时，中等收入经济体的企业加速追赶，企业 PCT 专利申请量增长显著，其中，中国企业 2023 年超越日本首次位居 PCT 专利申请数量全球第一。

3.2.1　主要国家领先企业创新产出优势进一步巩固

基于 WIPO 发布的《PCT 国际专利申请人排行榜》，以国家为主要分析维度，分别对不同国家的企业上榜数量、企业 PCT 专利申请总量等指标进行分析，以掌握不同国家企业 PCT 专利申请特点和差异。

从整体分布上看， 2019—2023 年上榜企业 PCT 专利申请主要来源于中国、日本、美国、韩国、德国等国家和地区，2023 年这 5 个主要国家的企业 PCT 专利申请量占榜单总体专利申请量的比例合计高达 82.4%。其中，中国的企业 PCT 专利申请量增长迅速，2019—2023 年年均复合增速高达 8.1%，2023 年以 4.3 万件位居全球第一位。日本、美国分别位居第 2、3 位，企业 PCT 专利申请量分别为 4.1 万件、3.0 万件，与其他国家、地区拉开明显差距。2019—2023 年主要国家上榜企业 PCT 专利申请量如图 3-5 所示。

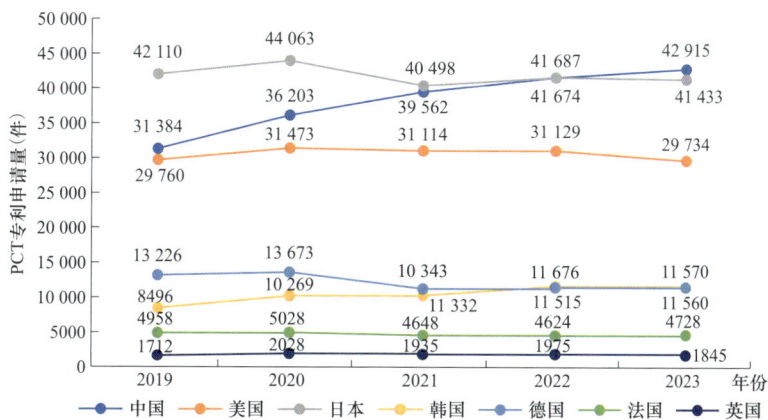

图 3-5　2019—2023 年主要国家上榜企业 PCT 专利申请量

3.2.2 中等收入经济体领先企业创新产出竞争力显著提升

根据《PCT 国际专利申请人排行榜》，2019—2023 年，高收入经济体的企业 PCT 专利申请量由 11.5 万件增长至 11.7 万件，年均复合增速为 0.4%，远低于 2.5%的全球增速，其占比也由 78.3%下降至 72.8%。包括中国、俄罗斯、巴西等国家在内的中等收入经济体❶的企业 PCT 专利申请量占比有较大幅度的增长，2023 年占比合计达到 27.1%，与 2019 年（21.7%）相比增加 5.4%。其中，中国企业 2023 年 PCT 专利申请量占比（24.6%）相比 2019 年（19.8%）增加 4.8%。2019—2023 年各收入水平经济体上榜企业 PCT 申请量占比情况如图 3-6 所示。2019—2023 年中国上榜企业 PCT 申请量占比情况如图 3-7 所示。

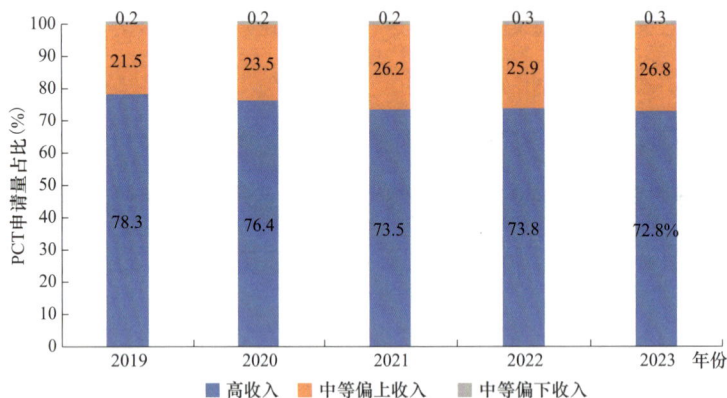

图 3-6　2019—2023 年各收入水平经济体上榜企业 PCT 申请量占比情况

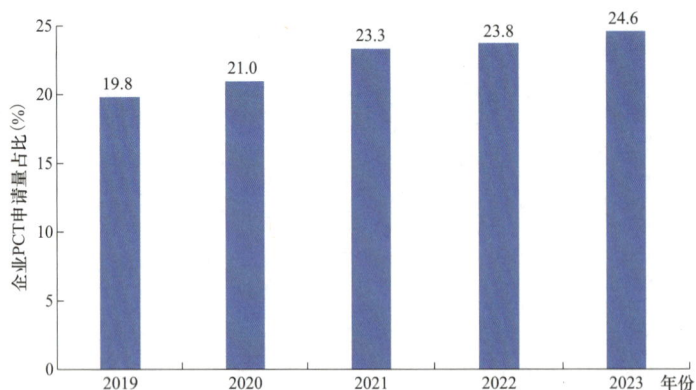

图 3-7　2019—2023 年中国上榜企业 PCT 申请量占比情况

❶ 世界银行把世界各经济体分成四组，即低收入、中等偏下收入、中等偏上收入和高收入。其中中等收入经济体包括中等偏下收入和中等偏上收入两个组别，根据世界银行最新数据显示，中等收入经济体人均国民总收入在 1136 美元至 13 845 美元之间。

3.3　领先企业创新产出的产业分布

不同行业领先企业的创新产出表现各异。ICT 行业领先企业以其深厚的科研实力不断推陈出新，创新产出成果斐然。跟随汽车行业发展趋势，汽车及零部件行业领先企业加快提升其创新投入与产出，而工业与化工等行业企业创新动力显现疲软迹象，创新产出出现下滑。

3.3.1　ICT 行业领先企业仍是创新产出的主要来源

从整体分布上看，ICT 行业在创新产出中仍旧占据高比例。根据 WIPO 发布的《PCT 通讯》数据，ICT 行业（包括软件和 ICT 服务、ICT 硬件和电子电气设备、通信等行业）仍是领先企业创新产出最为集中的领域。2023 年 PCT 专利申请量排名前 10 位的技术领域中，计算机技术、数字通信、电气机械等 ICT 行业细分领域的 PCT 专利占比尤为突出，分别为 10.2%、9.4% 与 7.9%，其次是医疗技术领域，PCT 专利占比为 6.7%；其中电气机械领域增长最快，与 2022 年（7.1%）相比，增速高达 8.8%，其次是交通运输、半导体和生物技术，增速分别为 7.7%、5.6% 和 3.8%。2023 年全球 PCT 技术专利申请量行业分布和增长情况如图 3-8 所示。

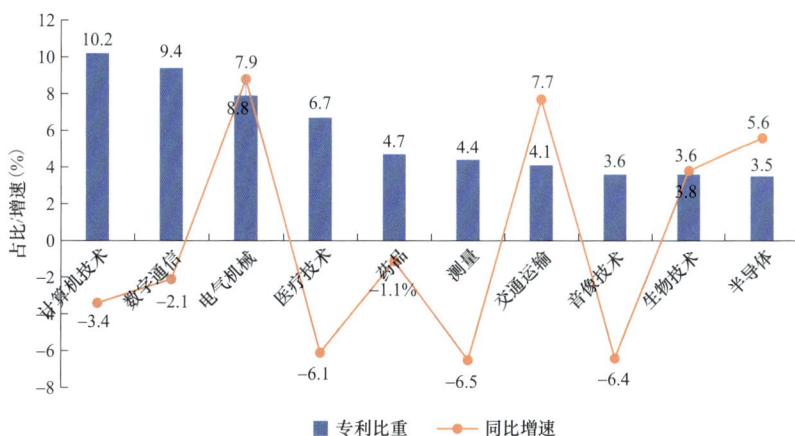

图 3-8　2023 年全球 PCT 技术专利申请量行业分布和增长情况

从头部企业分布看，ICT 行业创新产出占据绝对领先位置。在数字化转型的大背景下，各行业对 ICT 技术的依赖加深，推动了 ICT 行业的新一轮创新浪潮，云计算、大数据、人工智能、物联网、5G 通信等关键技术的快速发展，为企业提供了前所未有的创新机会，激发了大量新技术、新产品和新服务的诞生。2023 年《PCT 国际专利申请人排行榜》中前 50 名企业集中分布于 ICT 行业、日用消费品、汽车及零部件、工业、化工等五个领域，其中，ICT 行业、工业和化工三大行业领域的创新产出较为稳定，相关专利申请连续在 2021—2023 年榜单之中。ICT 行业创新产出表现断档领先，2023 年 ICT 行业的 PCT 专利申请量达 45 327 件，专利申请量占比高达 75.7%，而日用消费品、汽车及零部件、工业、化工等行业的 PCT 专利申请量占比分别为 13.2%、7.4%、2.7%、1.6%。2023 年前 50 名企业 PCT 专利申请产业分布情况如图 3-9 所示。

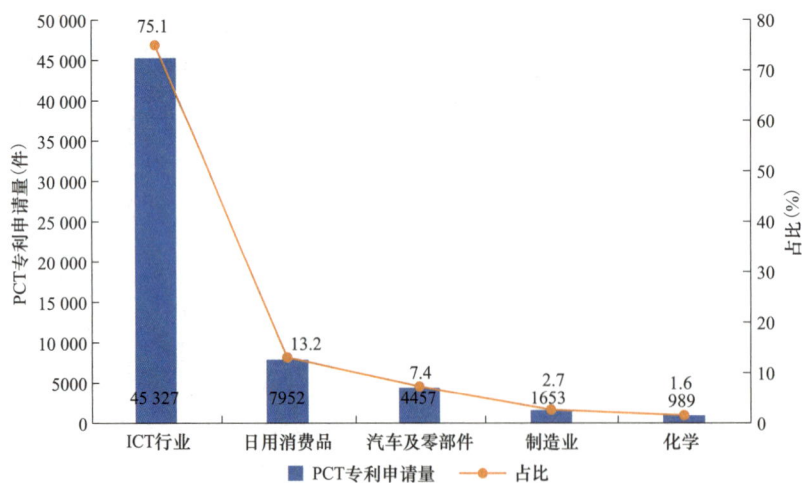

图 3-9　2023 年前 50 名企业 PCT 专利申请产业分布情况

知名专利统计机构 Harrity LLP 发布的专利 300 强榜单（Patent 300 Dashboard）也同样印证了这一趋势。2022 年美国专利与商标局发明专利授权量最多的前 20 名企业中，ICT 行业上榜 17 家，汽车行业上榜 2 家，军工行业上榜 1 家，ICT 行业占比高达 85%。

ICT 硬件和电子电气设备行业的头部企业创新产出明显减少。2023 年《PCT 国际专利申请人排行榜》前 50 名企业中，ICT 行业 PCT 专利申请量同比减少 4.7%，占比相较 2022 年（76.3%）下降 1.2%。具体地看，ICT 行业中 ICT 硬件和电子电气设备行业相关的 PCT 专利申请量减少较明显，由 2022 年 的 31 902 件减少至 2023 年的 28 903 件，同比下降 9.4%。从上榜企业数量看，2023 年 ICT 硬件和电子电气设备行业上榜企业数量为 18 家，相比 2022 年减 少 2 家；从行业发展现状看，ICT 硬件和电子电气设备行业历经多年高速发展，许多基础技术和产品已较为成熟，新进入的技术门槛提高。在此环境下，实现 颠覆性的技术创新难度增加，企业开始更加注重在现有技术基础上进行优化和 迭代，包括但不限于着手研究 6G 等未来通信技术，不断优化 AI 算法，提升模 型训练效率，优化提升物联网与智能设备的能效、安全性和数据隐私保护，在 芯片制造上，通过材料科学的进步、工艺创新和芯片架构的优化，提高集成度、降低功耗等，这使得行业专利申请量增长放缓乃至减少。2022 年和 2023 年前 50 名企业中 ICT 行业 PCT 专利申请量情况如图 3-10 所示。

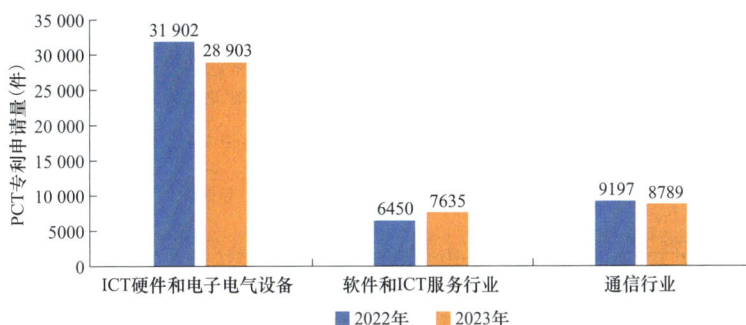

图 3-10　2022 年和 2023 年前 50 名企业中 ICT 行业 PCT 专利申请量情况

3.3.2　汽车及零部件行业的领先企业创新产出显著提升

汽车及零部件行业的领先企业创新产出增长速度远超全行业平均速度。在 全球汽车行业加速电动化、智能化、网联化、共享化转型的大背景下，汽车及 零部件行业的领先企业加大研发投入，积极推进技术创新，以期打破传统的竞 争格局，引领行业的未来发展。根据《PCT 国际专利申请人排行榜》，在 2021— 2023 年间，汽车及零部件行业领域的前 50 名企业在 PCT 专利申请量上实现了从 2633 件到 4457 件的大幅增长，年均复合增长率高达 30.1%，这一增长率远超同期所有上榜企业 PCT 专利申请总量的年均复合增长率 28.7%，彰显了汽车及零部件行业企业在创新产出上的强劲势头。同时也预示着汽车及零部件行业领先企业正加速向"智造"方向进行转型，通过不断的研发投入和技术创新，积极塑造行业的未来图景，推动全球汽车产业迈向更加智能化、电动化、网联化的新时代。2021—2023 年前 50 名企业在汽车及零部件行业的 PCT 专利申请量如图 3-11 所示。

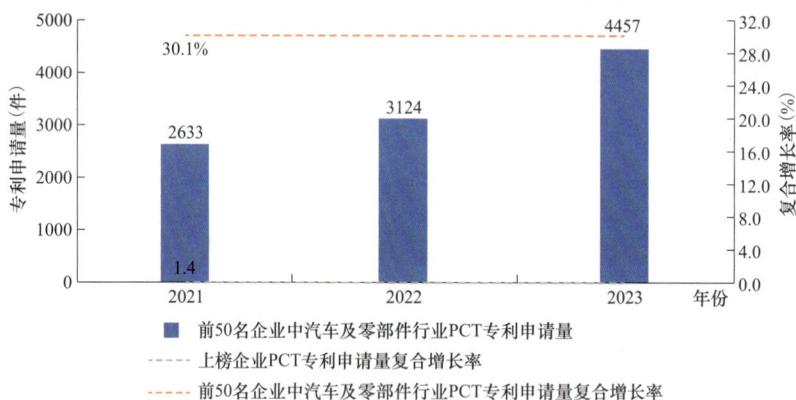

图 3-11　2021—2023 年前 50 名企业在汽车及零部件行业的 PCT 专利申请量

3.3.3　工业和化工行业的领先企业创新产出显著降低

工业、化工等传统制造行业创新产出连续下滑。 在前述分析领先企业研发投入产业分布内容时发现，工业行业近几年受宏观经济增速放缓、地缘危机加剧、下游产业市场需求疲软等多重负面因素影响，面临较大的经营压力，企业整体经营收益不容乐观，为降低经营成本企业在研发投入上减少相关资源支出，因此在创新产出上也呈现逐年下滑的态势。2023 年工业领域领先企业 PCT 专利申请量为 1653 件，相比 2022 年减少 816 件，相比 2021 年减少 1038 件。

在前 50 上榜企业中化工行业仅有巴斯夫和日本电工两家企业，2021—2023 年巴斯夫和日本电工的 PCT 专利申请数量均有所下降，行业发展趋势与技术转移是主要影响因素，当下化工行业正逐步向可持续、环保技术转型，据此企业会将其研发方向转向如循环经济、可再生能源材料等新领域，在转型初期即伴随着传统业务相关专利申请的减少。2023 年化工行业领先企业 PCT 专利申请量为 989 件，相比 2022 年减少 9 件，相比 2021 年减少 60 件。2021—2023 年前 50 名企业在工业、化工行业的 PCT 专利申请量如图 3-12 所示。

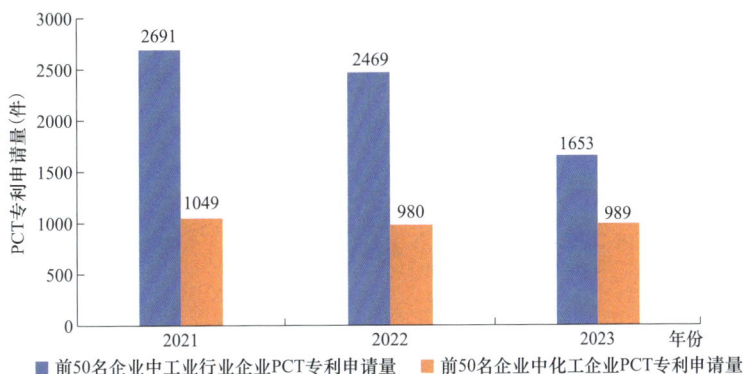

图 3-12　2021—2023 年前 50 名企业在工业、化工行业的 PCT 专利申请量

3.4　重点行业头部企业创新产出情况

本节聚焦 ICT、生物医药行业、汽车及零部件、能源、智能制造等五个行业，以各行业 PCT 专利申请量靠前的头部企业为代表，分析领先企业创新产出情况：ICT 行业头部企业创新产出持续保持规模优势，生物医药行业头部企业创新产出总体欠佳，汽车及零部件头部企业创新产出增速出现分化，能源行业头部企业创新产出波动较大，智能制造行业头部企业创新产出差距明显。

3.4.1　ICT 行业头部企业不断扩大技术优势

ICT 行业头部企业持续展现创新领导力，其创新成果输出稳定保持高位，凸显了其在技术创新领域的竞争优势。2019—2023 年，华为、三星电子、高通三家企业 PCT 专利申请量稳居 WIPO 发布的《PCT 国际专利申请人排行榜》前五位。**从产出总量变化趋势上看，**华为、三星电子和高通三家企业的 PCT 专利申请数量保持不断增长的态势，2023 年华为的专利申请量达到 6494 件，相比 2019 年增加 2083 件，三星电子的专利申请量为 3924 件，比 2019 年增加 1590 件，高通的专利申请量为 3410 件，较 2019 年增加 1283 件。**从产出增速上看**，头部企业的创新产出以较快的速度在增长。2019—2023 年，华为、三星电子和高通三家企业的 PCT 专利申请量年均复合增长率分别为 10.2%、13.9%、12.5%，均超过了 10%，大幅领先同期上榜企业平均增速 8%、11.7%、10.3%。2019—2023 年 ICT 行业头部企业 PCT 专利申请量及专利申请量复合增长率如图 3-13 和图 3-14 所示。

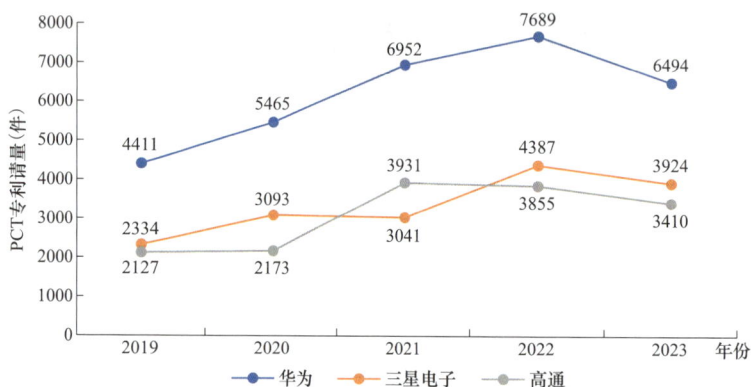

图 3-13　2019—2023 年 ICT 行业头部企业 PCT 专利申请量

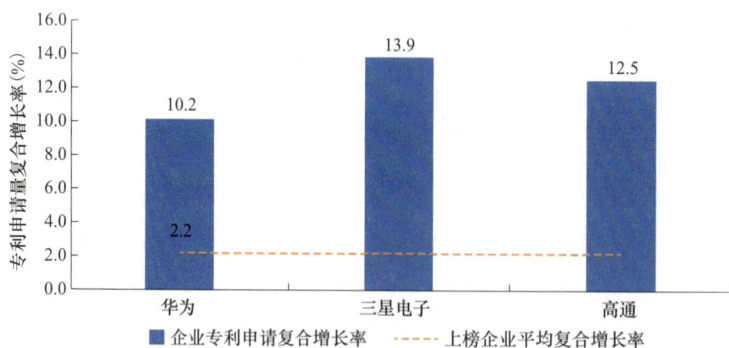

图 3-14　2019—2023 年 ICT 行业头部企业专利申请量复合增长率

ICT 行业的中国头部企业创新产出领跑全球，研发投入产出效率仍有较大提升空间。 华为始终坚信技术创新是驱动企业持续发展的核心动力，因此不遗余力地投入巨额资源到研发活动中，据统计，华为每年会至少将销售收入的 10%投入到研发活动中，以不断推动技术创新和产品升级。公司高额的研发投入也有效地转化成了丰硕的产出成果。一方面在专利数量上，《PCT 国际专利申请人排行榜》中，华为的专利申请量一直稳居排行榜第一位，远远领先于韩国三星电子、美国高通等高科技竞争对手，尽管近几年美国的严厉制裁严重影响了其在全球市场运作的能力，但华为凭借申请的专利数量轻松领先于全球其他公司。另一方面在从研发投入产出效率上，2019—2022 年，华为的专利申请量与研发投入的比值介于 26%～37% 高位区间，从 2020 年开始，华为每单位研发投入所产生的专利数保持在 30 件以上，2022 年专利申请量与研发投入的比值达 37 件/亿欧元，远高于韩国三星电子专利申请量与研发投入的比值，但与美国高通公司相比，华为的研发投入产出效率略低。2019—2022 年头部企业研发投入产出效率如图 3-15 所示。

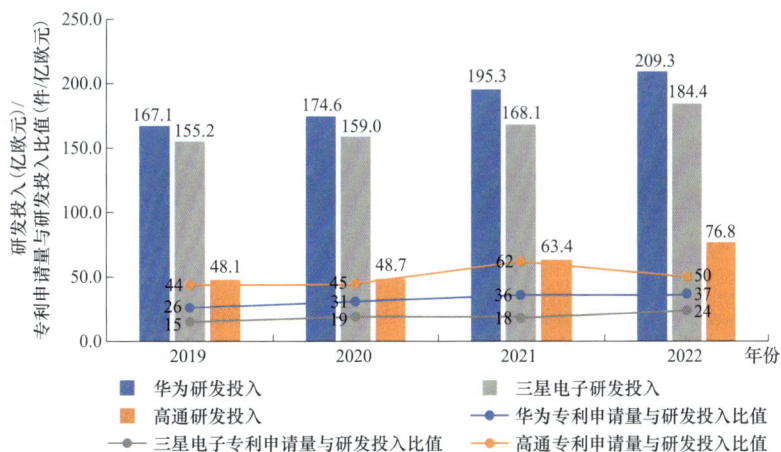

图 3-15　2019—2022 年头部企业研发投入产出效率

3.4.2　生物医药行业头部企业创新产出表现欠佳

生物医药行业头部企业创新产出增速缓慢。对近五年 WIPO 发布的《PCT国际专利申请量排行榜》数据进行整理发现，2019—2023 年，泰尔茂、罗氏公司、默克、波士顿科学国际公司、美国 BD 公司等五家医疗健康领域的企业均上榜，且 PCT 专利数量在整个行业中占据优势地位。**从产出总量变化趋势上看，**泰尔茂、罗氏公司、波士顿科学国际、美国 BD 公司专利申请数量均有所增加。2023 年，在五家头部企业中，美国 BD 公司以 231 件的专利申请数量排名第一，同比增长 24.2%，较 2019 年增加 94 件；罗氏公司、波士顿科学国际公司、泰尔茂紧随其后，专利申请量分别为 222、211、206 件。受研发战略调整以及成本控制等内部因素影响，默克公司近几年的专利申请数量呈波动下降趋势，2023 年专利申请量仅为 162 件，相较 2019 年减少 46 件。**从产出增速上看**，行业头部企业的创新产出速度缓慢。近五年间，仅有美国 BD 公司以相对较快的速度在不断推出创新成果，PCT 专利申请量年均复合增长率超过 10%，远高于上榜企业平均增速水平（2.2%），而其他几家企业包括泰尔茂、罗氏公司、波士顿科学国际等 PCT 专利申请量的增长速度则相对缓慢，年均复合增长率分别为 0.7%、5.8%、3.2%。2019—2023 年制药和生物技术行业头部企业 PCT 专利申请量及专利申请量复合增长率如图 3-16 和图 3-17 所示。

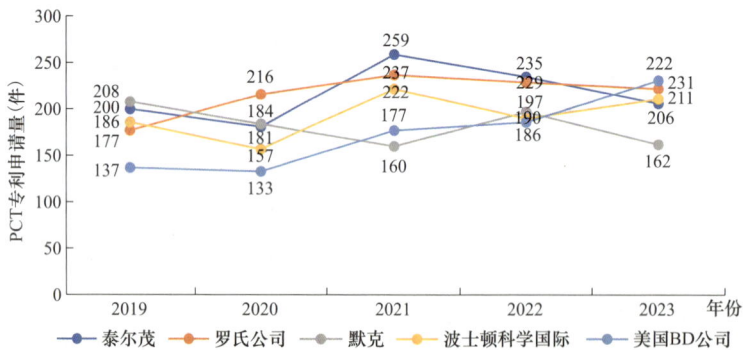

图 3-16　2019—2023 年制药和生物技术行业头部企业 PCT 专利申请量

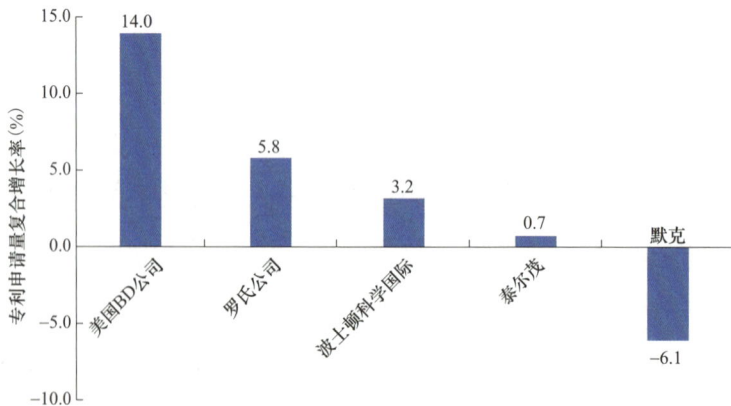

图 3-17　2019—2023 年制药和生物技术行业头部企业专利申请量复合增长率

制药和生物技术领域的中国头部企业创新产出有待进一步加强。从专利申请量数据上看，制药和生物技术领域企业专利申请量排名靠前的多来自于日本、美国、欧盟等国家和地区，中国企业上榜数量较少，主要原因是中国生物医药产业起步晚，行业正处于快速发展的时期，近十年间行业企业积极开展创新研发活动，不断加大在制药和生物技术领域的研发投入，但由于新药物、新技术的开发和创新具有时间周期，尚未有大量能够参与全球竞争并在全球商业化的专利产品和技术成果输出，相较于其他在制药和生物技术行业发展较为成熟的国家和地区来讲，中国头部企业仍有较大的发展空间。

3.4.3　汽车及零部件行业头部企业创新产出逆行业周期进入下滑期

汽车及零部件行业头部企业创新产出呈现波动下滑的趋势。梳理《PCT 国际专利申请量排行榜》数据发现，汽车及零部件行业中博世集团、电装公司、宝马、舍弗勒等四家企业的 PCT 专利申请数量在榜单中排名靠前。**从产出总量变化趋势上看**，博世集团的 PCT 专利申请量最多，2019—2023 年，专利申请量始终保持在 1200 件以上但整体数量呈波动下降态势，截至 2023 年，PCT 专利申请量为 1307 件，较 2019 年减少 380 件，与其他车企比较，专利申请量处于头部地位。2023 年，电装公司、宝马、舍弗勒的 PCT 专利申请量分别为 814、537、434 件，其中电装公司和舍弗勒的专利申请量呈先增后降的趋势，而宝马则呈先降后增的态势。**从产出增速上看**，四家企业中仅宝马集团的专利申请量是正向增长，年均复合增长率为 1.0%，增长幅度较小；博世集团、电装公司的专利申请量年均复合增长率均为负值，分别为 −6.2%、−5.6%，舍弗勒的专利申请量年均复合增长率为 −0.5%，接近于 0，专利数量变化不大。博世集团创新产出减少的主要原因是随着汽车行业向电动化、智能化转型，行业中涌现大量新型零部件供应商，科技企业和车企均加速进入新型汽车零部件市场，这一环境下，传统汽车零部件供应商博世集团的相关技术和竞争力被弱化，具体表现为专利申请量减少。电装公司创新产出减少主要是电机技术不断成熟，对新技术的需求减小，由此电机领域的专利申请也有所下降。2019—2023 年汽车及零部件行业头部企业 PCT 专利申请量及专利申请量复合增长率如图 3-18 和图 3-19 所示。

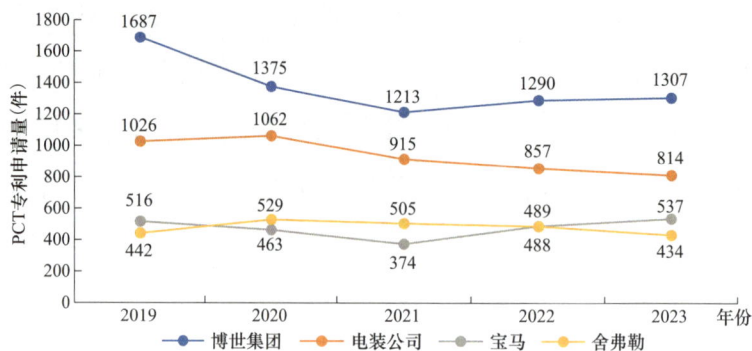

图 3-18　2019—2023 年汽车及零部件行业头部企业 PCT 专利申请量

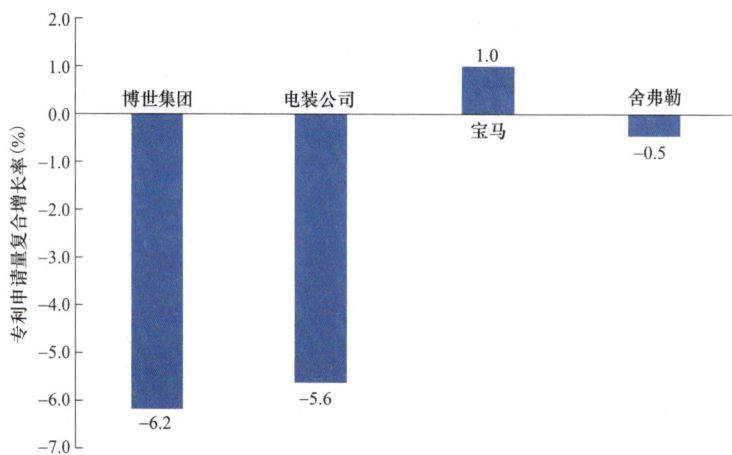

图 3-19　2019—2023 年汽车及零部件行业头部企业专利申请量复合增长率

中国头部企业在汽车及零部件行业创新产出规模小，研发投入产出效率有待提升。在专利数量上，《PCT 国际专利申请人榜单》中，中国头部企业的 PCT 专利申请量平均在 300 件以下，与其他国家头部车企相比，创新产出数量相对较少。以比亚迪和长城汽车为例，2019—2023 年期间，除 2019 年比亚迪的 PCT 专利申请量超过 360 件，2020—2023 年比亚迪的专利申请量均在 280 件以下，长城汽车的专利申请量则基本在 120 件以下。在研发投入产出效率上，比亚迪和长城汽车的 PCT 专利申请量与研发投入的比值明显低于头部车企博世集团，以 15 件/亿欧元为基准，中国车企比亚迪和长城汽车的专利申请量与研发投入的比值在 15 件/亿欧元以下，德国车企博世集团则在 15 件/亿欧元以上，说明了中国车企在研发投入产出效率方面尚需进一步提升。2019—2023 年中国车企专利申请量情况如图 3-20 所示。2019—2023 年头部车企专利申请量与研发投入比值如图 3-21 所示。

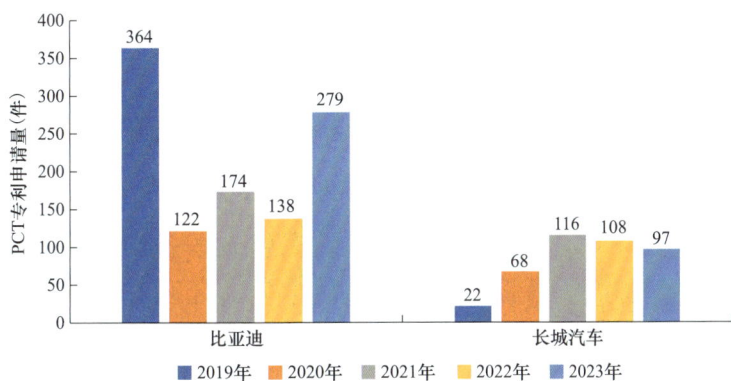

图 3-20　2019—2023 年中国车企专利申请量情况

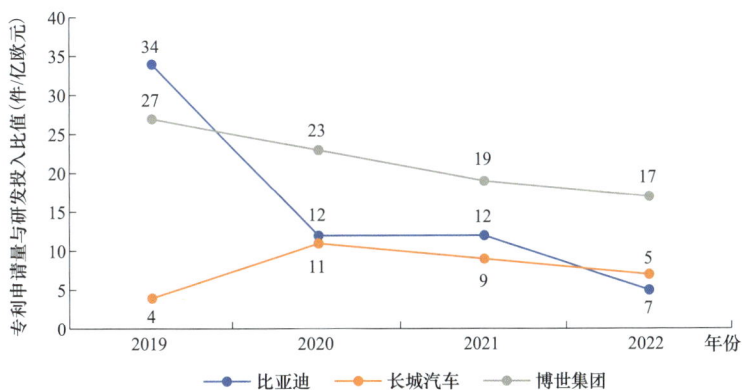

图 3-21　2019—2023 年头部车企专利申请量与研发投入比值

3.4.4　能源行业头部企业创新产出表现不稳定

石油和天然气细分领域的头部企业每年创新成果产出起伏较大。对《PCT

国际专利申请人榜》相关数据进行统计分析发现，沙特阿美、哈里伯顿、斯伦贝谢三家企业的专利申请量排名靠前，拥有绝对优势。**从产出总量变化趋势上看，**三家企业专利申请数量变化趋势各异。其中，沙特阿拉伯石油公司的 PCT 专利申请数量不稳定，2021 年为 838 件，截至 2023 年其申请量急剧下降至 187 件，主要受公司业务转型的影响，在全球能源加速向绿色低碳转型的趋势下，沙特阿拉伯石油公司加快推动传统的石油和天然气业务向清洁能源业务拓展，这一背景下，公司着力将资源投入到新兴技术的研发，使得传统油气开采技术的专利申请数量短期内减少。哈里伯顿的 PCT 专利申请量从 2019 年的 371 件增加到 2020 年的 558 件，之后虽有短暂下降，但在 2023 年回升至 398 件，整体呈现上升态势，表明哈里伯顿持续加强其在全球范围内的能源技术保护与创新布局。斯伦贝谢的 PCT 专利申请量从 2019 年的 184 件逐年稳步增长至 2023 年的 283 件，反映了公司持续稳定的研发投入和创新实践。**从产出增速上看，**斯伦贝谢以 11.4%的年均复合增长率领先于其他两家企业，哈里伯顿的年均复合增长率仅为 1.8%，沙特阿拉伯石油公司的年均复合增长率为－19.2%。2019—2023 年石油和天然气细分领域的头部企业 PCT 专利申请量如图 3-22 所示。

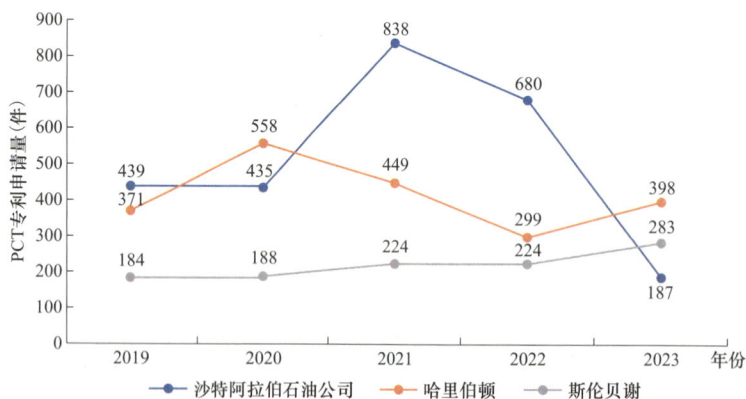

图 3-22　2019—2023 年石油和天然气细分领域的头部企业 PCT 专利申请量

电力细分领域的头部企业创新产出数量较少。在《PCT 国际专利申请人榜》中，一方面电力细分领域企业上榜数量相较石油和天然气细分领域企业数量少，另一方面创新产出数量也较石油和天然气细分领域少。以丹麦风力发电机制造商维斯塔斯风力技术集团为例，2019—2023 年期间，其专利申请量经历了从稳定到增长再到短期下滑及适度恢复的过程，从 2019 年至 2020 年，维斯塔斯的 PCT 专利申请量保持在 134 件，随后在 2021 年，其申请量显著增加至 161 件，表明公司可能在该年加大了研发投入或在某些关键技术领域取得了突破，2022 年，维斯塔斯的 PCT 专利申请量下降至 94 件，相比前一年的高峰有较大幅度的减少，或是与全球经济环境的不确定性、行业内部竞争加剧、公司内部研发策略的调整等因素有关，2023 年其申请量回升至 112 件。2019—2023 年维斯塔斯 PCT 专利申请量如图 3-23 所示。

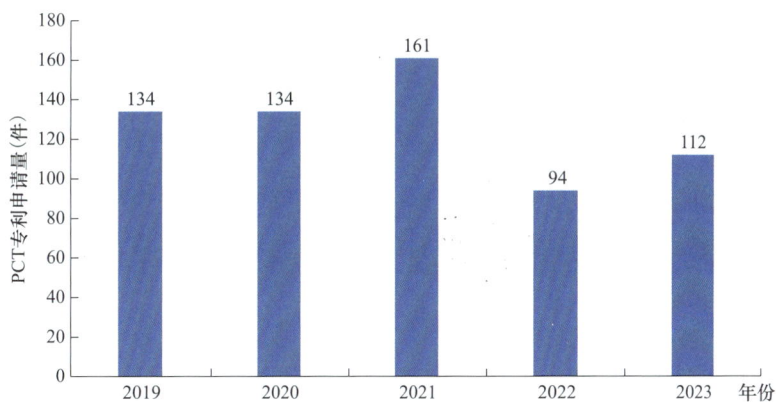

图 3-23　2019—2023 年维斯塔斯 PCT 专利申请量

中国能源电力头部企业以国资央企为主，传统能源电力企业更注重实用新型专利和国内市场的保护，对于涉及国际市场的发明专利和 PCT 申请相对较少。相比之下，国际头部的能源企业可能更早地建立了全球专利布局策略，更频繁地利用 PCT 体系进行国际专利申请。中石油和中石化是中国的两大国有油气公司，是能源行业的领军企业，根据《PCT 国际专利申请人排行榜》，2023 年中石油和中石化两家龙头企业 PCT 专利申请数量分别为 47 和 102 件，与沙特阿拉伯石油公司、哈里伯顿等国际能源企业仍存在明显差距。2019—2023 年中石油和中石化专利申请量如图 3-24 所示。

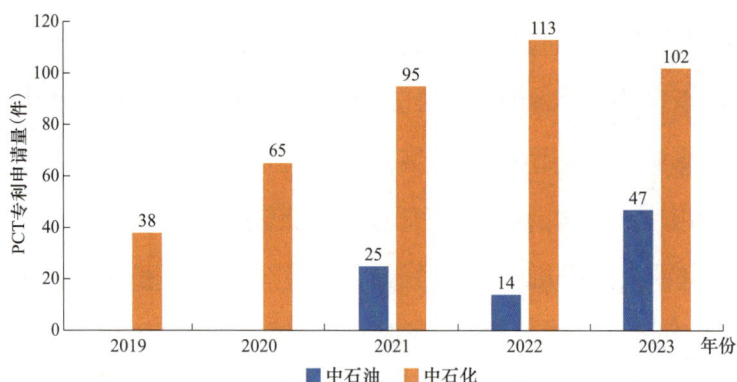

图 3-24   2019—2023 年中石油和中石化专利申请量❶

3.4.5   智能制造行业头部企业创新产出缓慢下滑

智能制造行业头部企业创新产出整体进入负增长阶段。 通过数据梳理发现，所属智能制造的三菱电机、西门子、飞利浦、日立四家企业在《PCT 国际专利申请人排行榜》中位居前列。**从产出总量变化趋势上看，** 四家企业中三菱电机以其较高的专利申请数量占据优势地位，平均每年的专利申请数量在 2000 件以上，从近五年的动态变化情况看，公司创新产出呈先升后降趋势，2020 年专利数量由上一年的 2661 件大幅增加至 2810 件，自此开始专利数量规模逐年下降，截至 2023 年为 2152 件。仅次于三菱电机的是西门子，平均每年的专利申请数量在 1200 件左右，五年间的专利数量经历了先增后降回升的变化过程。飞利浦和日立两家企业专利数量相对较少，平均每年在 1000 件以下。**从产出增速上看，** 这四家企业的专利申请量变化均表现出一定程度的下降趋势，三菱电机、西门子、飞利浦和日立四家企业专利申请量年均符合增长率分别为 −5.2%、−5.1%、−6.6%、−2.3%。2019—2023 年智能制造业行业头部企业 PCT 专利申请量及专利申请量复合增长率分别如图 3-25 和图 3-26 所示。

中国头部企业在智能制造的创新动能强劲。《PCT 国际专利申请人榜》中，京东方、宁德时代等头部企业的专利申请数量表现较好。其中京东方的创新产出成果尤为突出。从专利数量上看，2019—2023 年期间，企业平均每年的专利

---

❶   2019 年、2020 年中石油未在 WIPO 的《PCT 国际专利申请人排行榜》上，因此专利数量缺失。

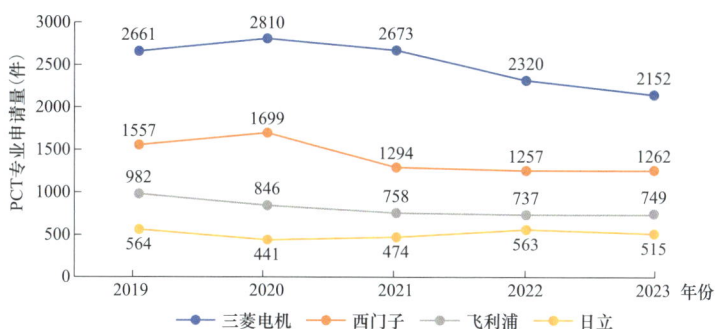

图 3-25　2019—2023 年智能制造业行业头部企业 PCT 专利申请量

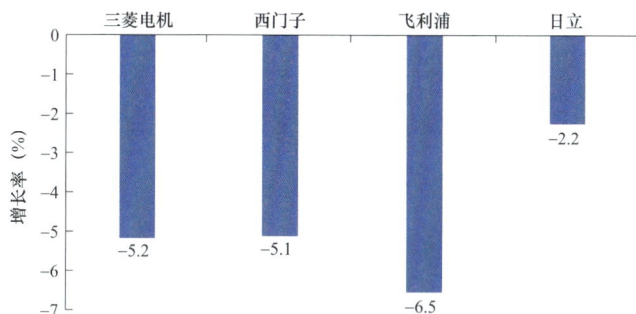

图 3-26　2019—2023 年智能制造业行业头部企业专利申请量复合增长率

申请数量保持在 1800 件以上，宁德时代的专利申请数量略低，值得注意的是，2023 年宁德时代的专利申请量数量由 2022 年的 266 件猛增至 2023 年的 1799件。主要受公司业务战略的影响，随着新能源汽车行业的发展，宁德时代加紧拓展海外市场，作为动力电池领军者的宁德时代也凭借其技术创新能力发展壮大，迅速成为专利申请、布局和积累的新势力。从专利数量增长变化情况看，京东方的专利申请数量保持着持续增长的趋势，年均复合增长率为 1.6%，宁德时代的专利申请数量呈现波动增长的趋势。2019—2023 年京东方、宁德时代的企业专利申请情况如图 3-27 所示。

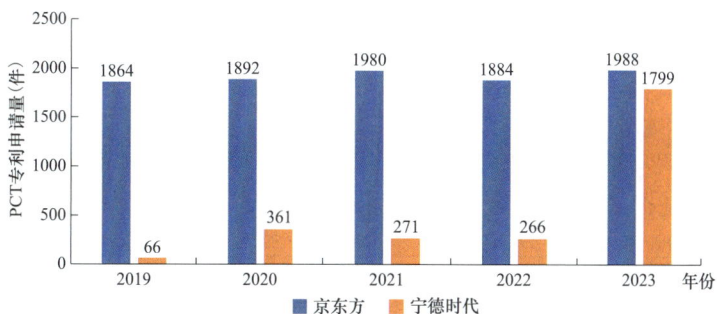

图 3-27　2019—2023 年京东方、宁德时代的企业专利申请情况

3.5　小结与展望

全球领先企业的创新产出是衡量全球经济创新能力和技术进步的重要标尺。通过对全球领先企业的创新产出分析发现，企业作为创新主体的核心作用持续增强，以往集中于少数头部企业的创新产出优势正经历微妙变化，全球创新生态逐渐向多元化方向发展。国家层面，虽然发达国家企业在创新产出上占据优势地位，但以中国为代表的中等收入经济体也在悄然崛起，企业 PCT 专利申请量显著增加，与高收入经济体的差距逐步缩小。产业层面，ICT 行业依然是创新的领头羊，领先企业凭借深厚的技术积累和前瞻布局，持续输出高质量创新成果，巩固其行业领先地位。汽车及零部件行业正经历转型期，领先企业加速创新以适应电动化、智能化的浪潮，力求在新赛道中抢占先机。生物医药行业尽管创新产出较为薄弱，但却蕴藏着巨大的发展潜力。能源行业，尤其是新能源与清洁能源领域，虽然传统能源企业的创新产出波动较大，但整体趋势显示出向可持续发展解决方案的积极转型。

未来全球创新生态系统将更加注重均衡与包容性发展，中等收入经济体的持续进步有望进一步激发全球创新活力。中国企业需不断调整创新策略，既要巩固在优势领域的领先地位，又要勇于开拓新兴领域，特别是在生物技术、新材料、可持续能源等关键技术上。另外，跨行业合作、开放式创新模式以及对研发的持续投资，将成为企业维持和提升创新产出的关键。

第 4 章

全球领先企业创新实践

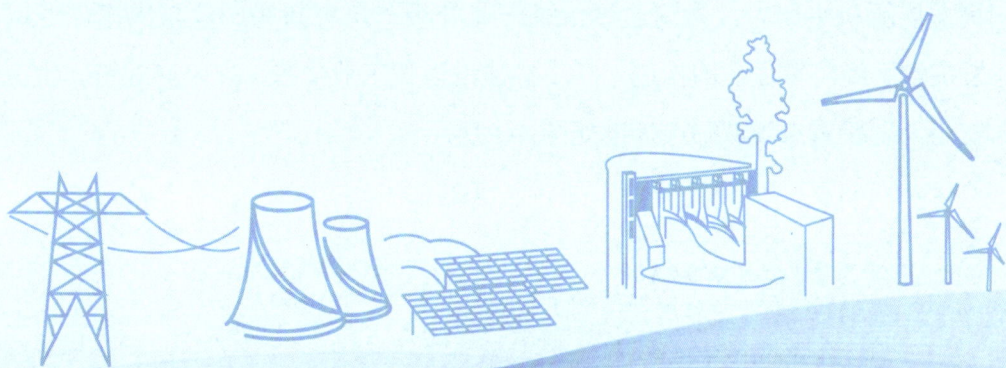

本章从全球创新环境、全球企业创新布局与国内创新导向三大维度出发，选取 ICT、生物医药、汽车、能源、智能制造五大创新重点领域，持续跟踪行业头部企业在技术创新、商业模式创新、管理创新方面的创新实践新变化、新特点，以及挖掘新近涌现的行业独角兽企业的创新实践新思路。首先，在全球创新和全球创新布局维度上考虑到行业对全球经济社会影响力，通过对《欧盟工业研发投资记分牌》中全球创新 2500 强企业研发投入的行业特点分析，圈定美国、欧盟、日本、中国等主要国家关注的重点行业领域，具体选取 ICT、生物医药、汽车及零部件等领域，意图在借鉴前沿经验的同时把握全球创新趋势。其次，在国内创新导向维度上考虑到新质生产力发展的要求、发展与安全兼顾的主题以及中国产业发展趋势等因素，选择能源电力、智能制造等领域。2024 年政府工作报告的首要任务是大力推进现代化产业体系建设，加快发展新质生产力，强调通过传统产业升级、培育新兴产业与未来产业以及发展数字经济等任务的推进，高质量建设现代工业体系，保障产业链、供应链安全。创新重点领域筛选标准如图 4-1 所示。

		ICT行业	生物医药	汽车行业	能源行业	智能制造
全球创新环境	新冠疫情	√	√	√		
	绿色低碳	√		√	√	√
	数字化	√	√	√		
企业创新布局	2500强企业重点领域	√	√	√		
国内创新导向	国内创新重点领域	√	√			√

图 4-1　创新重点领域筛选标准

在聚焦行业、筛选全球创新领先企业案例的基础上，基于 2023 年研究成果对拟分析的标杆企业进行持续跟踪，旨在借鉴全球领先企业经验，把握国内企业创新动态，正视差距，探索"卡脖子"技术攻关与企业创新发展路径。

4.1　ICT 行业企业创新实践

ICT 行业覆盖所有通信设备或应用软件以及与之相关的各种服务和应用软件，是推动数字经济快速发展的核心动力，也是全球创新领先企业研发投入的重点领域。一方面，以人工智能的爆发为标志，在产业数字化、智能化发展环境下，应用场景挖掘、开放式创新以及绿色化发展成为 ICT 行业企业创新发展的新趋势；另一方面，在政治及市场两个主要因素影响下，行业企业纷纷调整管理模式以应对供应链风险。

产业规模保持高速增长，应用场景挖掘空间巨大。各行业数字化转型逐渐向数字化和智能化融合并进发展演进，处于行业上游的芯片光刻机供应商阿斯麦（ASML）预测 2020—2030 年全球集成电路市场规模将保持 9% 的年均复合增长率，2025 年市场规模将达到 7370 亿美元，2030 年市场规模将达到 10 980 亿美元。应用场景侧，在产业数字化、智能化、绿色化转型的带动下，自动驾驶、工业数字化、计算中心和数据中心等新兴应用场景将维持增长趋势，应用场景挖掘潜力持续释放。阿斯麦对各应用领域市场规模预测如图 4-2 所示。

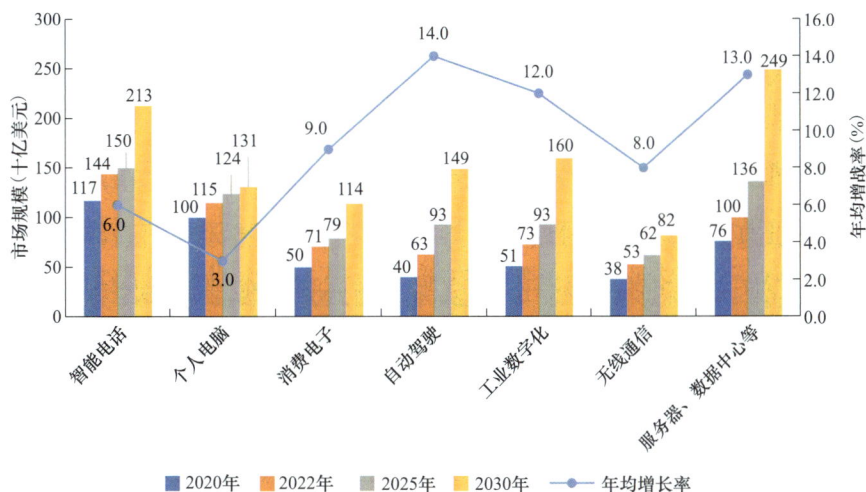

图 4-2　阿斯麦对各应用领域市场规模预测

加快推进开放式创新，多途径推动应用场景开发。下游行业需求多元化与差异化的特征向 ICT 企业提出个性化服务的要求，为了高效开发符合需求的产品，ICT 行业企业积极推进开放式创新，联动各方资源建立创新生态圈，挖掘应用场景，提高创新效率。企业主要通过三种途径进行创新生态圈建设：**一是**与下游行业头部企业组成创新联合体，共同进行应用场景挖掘，打造标杆案例，形成解决方案并推广；**二是**对应用产品开发的初创企业进行早期投资，获取新的技术应用场景；**三是**建立开发平台，组建技术联盟，向企业工作人员、开发者、学术研究机构等外部机构分享技术，并持续优化平台操作，降低使用门槛，从而获取不同应用场景中的开发机会。

打造柔性供应链，确保企业供应链安全。外部环境变化多端，不稳定性风险持续存在，确保供应链安全成为 ICT 行业企业共识。企业主要通过三种方式调整供应链管理模式：**一是**实施供应商多元化计划，减少供应资源过于集中带来的企业议价权以及断供风险。**二是**产品制造供应能力备份，企业设计多种产品制造供应模式，打造多条供应链，保障产品顺利生产。**三是**实行供应链数字化管理，与供应商深度协同，通过数字化系统实现供应商的快速、实时交互，以及时应对供应链风险。

本节以美国高通、美国英伟达和中国华为为例，透视全球 ICT 行业顶尖企业的创新趋势和实践做法。

4.1.1　高通公司向下游应用领域延伸，开展技术创新

高通公司是全球领先的无线科技创新公司，是推动 5G 研发、商用和实现规模化的重要力量，高通公司致力于与行业中智能手机、汽车、物联网等企业结成生态伙伴关系，将移动技术应用于相关行业，推动行业数字化转型。根据高通社会责任报告，自 2006 年以来，高通公司研发投入累计超过 700 亿美元，超过了营收的 20%，在芯片、软件、服务和集成平台解决方案方面持续创新超过 35 年。

聚集优势行业进行产品开发，积极投资布局新业态。高通公司聚焦智能手

机、汽车和物联网三个领域，进行移动端芯片产品开发。**智能手机领域**，根据客户群体多样性，打造从入门级芯片到旗舰芯片的产品矩阵，2023 年智能手机 SoC 芯片（System on a Chip）出货量稳坐市场第二，同时高通与苹果公司达成协议，为 2024 年、2025 年和 2026 年推出的智能手机提供骁龙®5G 调制解调器及射频系统。**汽车行业领域**，高通公司紧跟智能座舱与自动驾驶行业趋势，于 2021 年推出骁龙数字座舱，提供更智能、便捷和互动化的驾驶乘坐体验，在智能座舱芯片市场处于领先地位。2023 年 1 月，高通公司继而推出骁龙 Ride Flex 芯片（包括 Mid、High、Premium 三个级别），集成智能座舱、自动驾驶、网路、机器视觉等多项应用功能，推动高通公司在数字座舱与自动驾驶融合方面取得进步。**物联网领域**，高通公司为工业物联网行业提供了系列解决方案，包括推出 7 款面向工业领域的物联网芯片，实现包括物流、仓储、零售、医疗及制造业等在内的全方位应用。2023 年 2 月，高通公司推出物联网平台 Qualcomm Aware，推出易于开发者使用的软件及 API 接口，帮助行业用户实现数字化变革。除此外，高通公司积极对各行各业以及应用领域的初创公司进行投资，以获得技术拓展以及新产品、新服务的机会，投资领域包括但不限于 5G、人工智能、消费者、企业以及云计算等领域。

　　建设研发生态系统，构建面向未来的研发能力。高通公司推出"高通生态系统支持计划"，面向政府、大学与研究人才、合作伙伴以及初创企业采取不同的合作模式，推动开放式创新，增强自身研发创新能力。**一是**积极与政府对接，培育当地科技生态。一方面积极参与政府组织的技术研讨会，为政府与当地实验室提供频谱选择、5G 开发、部署和商业化等咨询服务；另一方面与政府开展关键技术培育的研究合作，为当地政府与实验室提供技术与知识产权培训。**二是**关注创新学术研究，为大学与研究人员提供资源支持。高通公司在全球一流大学开展一系列项目，帮助推广研究领域的新思想与解决方案，同时积极与研究人员合作，通过设置研究奖学金、赞助学术会议与学术活动推动技术领域知识与工具的分享，鼓励研究及促进人才发展。**三是**为合作伙伴提供培训服务。高通公司设置了高通无线培训中心，打造知识与专业技能的共享平台，为高通工程师与生态系统中的合作伙伴提供覆盖移动技术各方面的知识。**四是**为创业公司提供资金赋能。2022 年，高通公司设立骁龙元宇宙基金，用于为沉浸式 XR 体验、相关 AR 和 AI 技术的开发者、企业提供资金。通过高通公司的资助项目，为打造包括游戏、健康、媒体、娱乐、教育和企业级应用元宇宙的开发者生态提供支持。

实施供应商多样性计划，保证供应链稳定。面对日渐突出的供应链不稳定的风险，高通公司通过产能供给协议、实施供应商多样性计划等举措对供应链管理模式进行调整。**一是**通过与供应商签订供给协议，锁定供应商产能，保证自身产品的供给，并且在供给协议上设置允许取消采购承诺的条款，避免因市场波动产生产品堆积而导致库存成本增加。**二是**采用灵活的制造模式。高通公司设计了两种产品制造模式，即总承包模式和分段外包模式。总承包模式下，由制造供应商承包采购、代工组装以及测试等各阶段工作；分段外包模式下，高通公司负责原料采购，第三方提供制造测试服务，在原料采购、制造、测试阶段，高通公司推行供应商多样化计划，以此分散供应链风险。

4.1.2　英伟达推广平台服务，打造人工智能研发生态

英伟达是全球 AI 算力龙头，专注 GPU 的研发与制造，已由传统 GPU 供应商转型升级为平台化公司，成为人工智能时代软硬件一体化 AI 解决方案领导者。英伟达的服务得到广泛应用，根据 2023 年年报，英伟达 GPU 支持 2800 多个应用程序，英伟达以其技术支持强势赋能全球超过 70% 的世界 500 强企业所使用的超级计算机，包揽了超级计算机排行榜前 25 强中的 23 席，并且在节能超算 Green500 榜单的前 30 名中占据了 23 个位置。

提供全面的平台服务，打造广泛人工智能研发生态。一是设计全面的平台服务，为广泛的研发生态提供支撑。英伟达利用其 GPU 架构为科学计算、人工智能、数据科学、自动驾驶汽车、机器人、虚拟世界和 3D 互联网应用创造了平台。为了扩展在人工智能领域的技术和平台地位，英伟达为深度学习和机器学习提供完整的端到端加速计算平台，以解决训练和推理问题。**二是**多渠道

推广平台服务，建立广泛研发生态圈。英伟达与主要的服务器制造商和通信服务提供商合作，为全球开发人员提供 GPU 平台服务，同时积极与数百所大学以及一万多家初创公司建立合作关系，共同开发人工智能应用场景。**三是提供技术指导，降低研发门槛**。英伟达通过设立深度学习研究所，为使用者提供关于在平台上设计应用程序、训练和部署神经网络的最新技术指导，降低平台使用门槛，让更多的开发者能够加入平台进行共创。

深耕汽车领域，深挖汽车领域业务场景。从 2015 年进入汽车领域，截止 2023 年，英伟达在汽车领域的产品涵盖自动驾驶、人工智能驾驶舱、电动汽车计算平台和信息娱乐平台解决方案等多方面。英伟达在汽车生态系统的合作伙伴涵盖范围广，包括汽车制造商、卡车制造商、单独供应商、传感器制造商、汽车研究机构以及高清地图公司等，英伟达为合作伙伴提供自动驾驶汽车的人工智能系统开发和部署服务，共同开发人工智能在作为驾驶员、副驾驶员以及创造驾驶体验等方面的多种应用。2023 年，英伟达与梅赛德斯-奔驰达成深度合作，一方面英伟达与奔驰合作推出汽车自动驾驶领域的定制产品组合，产品包含芯片到云架构，意图建立汽车产品的标准配置；另一方面双方共同开发汽车制造场景，奔驰使用英伟达提供的 Omniverse 平台进行工厂的设计与规划，奔驰的工作人员通过制造工厂的数字孪生体，设计与优化工厂的运作模式。

产品制造各环节供应商多元化，避免区域风险影响供应链。英伟达采用无晶圆厂制造策略，雇佣主要供应商负责制造过程的所有阶段，包括晶圆制造、组装、测试和包装，同时加强对供应商的考核以及资质要求进行质量管控。为了应对供应链波动带来的风险，英伟达采用供应商多元化策略，在产品制造的各个环节中采用多个供应商，以此避免供应商问题与区域问题带来的供应链风险。英伟达产品制造各个阶段供应商名单如表 4-1 所示。

表 4-1　　　　　**英伟达产品制造各个阶段供应商名单**

产品制造阶段	供应商名单
晶圆制造	1. 台湾半导体制造有限公司 2. 三星电子有限公司

续表

产品制造阶段	供应商名单
组装、测试和包装	1. Amkor 科技 2. 比亚迪汽车 3. 鸿海精密工业 4. 景源电子
适配器制造	1. 伟创力国际公司 2. 捷普集团 3. 环旭电子
基板购买	1. 日本揖斐电株式会社 2. 景硕科技 3. 欣兴电子
内存购买	1. 美光科技 2. 三星 3. SK 海力士

4.1.3 华为坚持技术创新，与业务伙伴共同开拓应用场景

华为是全球领先的 ICT 基础设施和智能终端提供商，也是全球通信技术领域中最具竞争优势的中国企业。近年来，在贸易摩擦、新冠疫情等严峻的外部环境和非市场因素挑战下，面对美国政府的持续打压，华为坚持基础研究不动摇，坚持开放创新不动摇，以产业视角调整业务结构，直面业务难题，加强地方研究所建设，促进研发生态圈构建，积极有序推进组织与人才变革，激活组织活力，多举措提升供应链韧性，保证供应链稳定。

以产业视角调整业务结构，与产业伙伴共建共创。为了更好地进行场景挖掘，华为主动对自身业务管理结构进行调整，从原本的消费者视角转变为产业视角，业务分为 ICT 基础设施、终端、云计算、数字能源以及智能汽车解决方案等板块，在各板块中再根据消费者分类进行场景的细分。在 ICT 基础设施领域，华为与运营商客户在 5G 基础设施建设、推进 5G-A 技术验证与商业部署、5G 商业模式开发以及拓展全光数据通信、IP＋光综合承载新业务等方面开展深度合作，与政企客户在智慧城市建设、智慧金融、智慧交通、制造、零售、地产以及医疗等领域探索合作机会。在终端领域，华为从消费者视角出发，围

绕办公、运动、家居、出行以及影音娱乐五大场景，进行终端业务开发。在云计算领域，华为推出生产线 Model Arts，降低 AI 行业门槛，同时推出 AI for Industries，为智能制造提供技术支持。在数字能源领域，华为推出智能光储解决方案，助力新型电力系统基础设施建设，同时针对交通出行场景，推出智能出行能源基础设施解决方案，为电动出行赋能。在智慧汽车解决方案领域，华为为生态合作伙伴提供智能驾驶、智能座舱和智能车控等解决方案。

因地制宜推动研发生态建设，助力地方新兴产业发展。华为根据我国不同城市的特色产业，差异化布局华为研究所，使得研究所创新重点与城市特色产业发展相匹配，助力当地研发生态圈建设，吸引优秀人才，支撑和促进当地产业发展。华为各地研究所布局特点与城市新兴特色产业如表 4-2 所示。

表 4-2　　　　　华为各地研究所布局特点与城市新兴特色产业

区域	布局重点	城市新兴特色产业
北京	成立时间长，业务覆盖最全面的研发中心之一	5G 产业
上海	华为无线、终端、海思三大研发总部所在地	5G 产业、智能网联汽车
南京	华为云、数据通信等创新研究	云计算产业
成都	面向数据与智能存储和 5G，拥有华为全球存储总部和国内首个理论部	大数据产业
杭州	致力于人工智能、ICT 技术的硬件、软件平台研究、高性能服务器研发	人工智能产业
武汉	光电子领域、终端类及芯片产品的研发	光电子信息
苏州	5G、人工智能、物联网、云计算、大数据等领域	装备制造产业
长春	华为车联网及智能汽车创新研发中心	智能网联汽车

坚持基础研究不动摇，加强基础研究与产业应用结合，赋能产业发展。华为致力于将数学的力量与现代信息和通信技术相结合，通过夯实基础研究能力，以此突破产业发展"瓶颈"。**一是**推动数学基础研究应用于突破产业发展"瓶颈"，在信息论编码领域，华为将快速变化拓展至 Goppa 等代数几何码，以此降低编码复杂度，在机器学习领域，通过提出联邦共性预测方法，提高

了机器学习预测的精确度。**二是**加强基础研究与产业应用相结合，在产业领域推动渐进式创新。2023 年，华为持续推动基础研究成果应用于无线通信、光通信、人工智能以及信息检索等多个领域，解决以上业务领域的发展问题，提高业务效率。

有序推进组织与人才变革，激活组织活力。面对内外部环境快速变化，华为主动在组织与人力方面推进管理变革，提升组织能力与组织效率。**一是**面向多业务发展的格局，开展代表处综合业务变革，做强代表处，精简机关，实现"大平台＋精兵队伍"的组织阵型，推进"合同在代表处审结"，将业务经营权下放至前端，再结合"责任结果导向的分享获取"的差异化激励机制建设，激活一线队伍。**二是**加强人才队伍建设。在人才选拔方面，强调"岗位适配就是人才"，匹配不同组织阵型，进行差异化人才供应，多元化用工；在人才培育方面，稳步推进战略预备队训战机制，使员工技能升级与转换，人尽其才，同时深化"人才堤坝"变革，构建稳定的专业人员队伍。**三是**坚持战略导向整编干部队伍，坚持选拔制、任期制改革，坚持干部队伍专业化建设，坚持责任结果贡献，"不晋则退"，推动干部合理流动。

多举措提升供应链韧性，确保业务连续性。面对外部因素变化，华为采取多元化方案、多场景储备、供需能力可视、制造供应能力备份以及提升物流网络韧性等举措来保证供应链稳定。**一是**多元化方案，在新产品设计阶段，积极拓展供应资源，保障原材料供应多元化，避免独家供应或者单一地区供应风险。**二是**多场景储备，在量产阶段，为应对全球疫情、贸易冲突以及需求波动等不确定性，提前识别和防范风险，组织建立从原材料、半成品到成品的合理安全库存。**三是**供需能力可视，通过数字化系统实现需求预测、采购订单、供应商库存的可视化，确保需求的快速传递和供应能力的快速反应。**四是**制造供应能力备份，坚持自制与外包并重，与多家电子制造服务商建立长期合作伙伴关系，在全球建立多个供应中心，供应中心之间均可相互备份整机制造供应能力。**五是**提升物流网络韧性，联合物流合作伙伴，开发"自主可控"的物流解决方案，以应对不确定的供应链安全和便利性挑战，巩固物流网络韧性。

4.2　生物医药企业创新实践

生物医药行业涵盖药物与医疗器械的研发、生产、商品流通、相关医疗技术及配套服务，被称为"永不衰落的朝阳产业"，具有产品专属性和复杂性高、创新确定性低、资本密集程度高等特点，对企业创新实力、专业能力要求高。近年来，在经济发展趋缓、银根紧缩以及人工智能技术发展等因素的作用下，生物医药行业企业在业务布局上选择进一步聚焦，加大资源投入，同时开始探索人工智能在生物医药行业中的应用。

研发投入进一步加大，致力通过创新打造竞争优势。在全球资金成本上涨、医药行业竞争日趋激烈的背景下，生物医药企业加大研发投入力度，意图通过将资源倾向于创新活动，与竞争对手拉开技术差距，获取竞争优势。2023 年的头部医药研发企业整体研发投入达到 767 亿美元，同比提升 6.3%，其中，诺华、阿斯利康投入增长率最高，分别达到 24.0% 与 12.0%。2022—2023 年各大头部药企研发投入变化如图 4-3 所示。

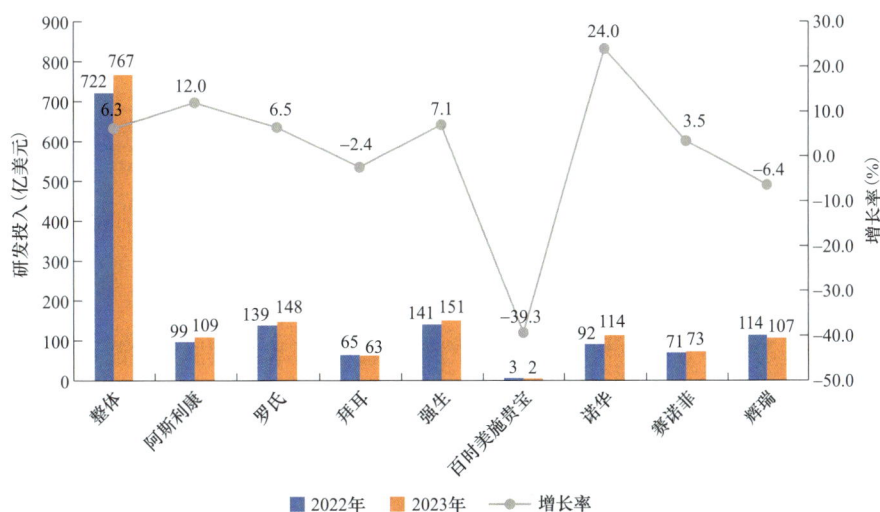

图 4-3　2022—2023 年各大头部药企研发投入变化

布局高增长潜力领域，聚集资源抢占市场。根据 IQVIA 的测算，未来肿瘤、神经科学、肥胖症等领域药品将成为生物医药产业增长的主要推动力。在此背景下，各大医药龙头企业纷纷调整业务布局，剥离非核心业务，加大在肿瘤、神经科学等领域的研发投入，例如 GSK 将旗下消费健康公司 Haleon 拆分上市，拆分后的 GSK 将专注于创新疫苗和药物研发；赛诺菲更新发展战略，计划拆分消费者医疗保健业务，将发展中心转向肿瘤、罕见病业务；诺华公司剥离其仿制药和生物类似药部门 Sandoz，从而成为一家专注于创新药的公司；百时美施贵宝（BMS）公司通过投资手段加大在高潜力领域的布局，以 140 亿美元收购 Karuna Therapeutics 公司，扩大在神经科学领域的布局，同时以 48 亿美元收购 Mirati，获得包括癌症遗传和免疫驱动因素等新型疗法在内的研发管线。全球前 20 大治疗领域 2028 年预期药物支出复合增长率如图 4-4 所示。

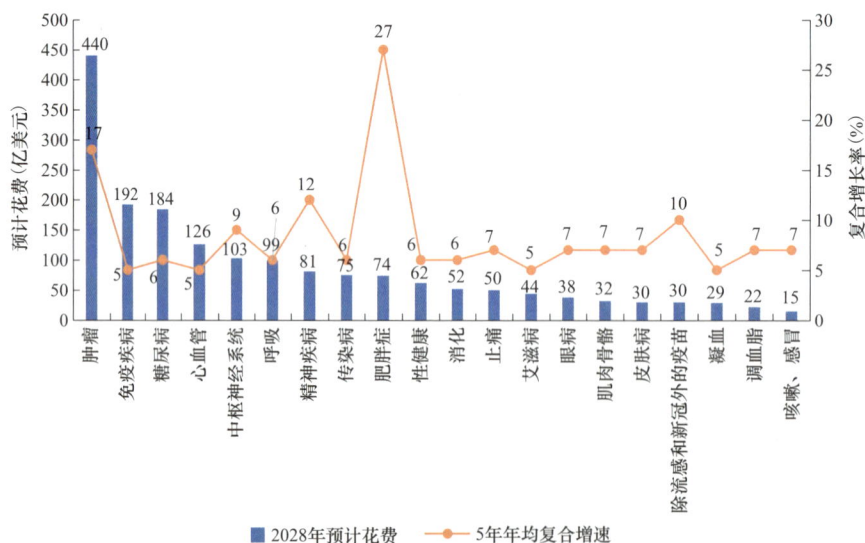

图 4-4　全球前 20 大治疗领域 2028 年预期药物支出复合增长率

基于人工智能的药物研发、疾病诊断、治疗方法受到普遍关注。随着人工智能技术的突破，"AI＋药物"成为生物医药产业中市场规模增速最快的应用场景，根据大观研究（Grand View Research）预测，2027 年，全球"AI＋药物"的市场规模预计达到 35 亿美元，年复合增长率为 28.8%。在新技术赋能的背景下，各大医药龙头企业将资源分配到"AI＋药物"领域，根据公开资料整理显示，2021—2023 年，医药龙头企业与 AI 制药公司开展的合作项目总潜在价值累计 380 亿美元，预付款累计 9.9 亿美元。

本节以英国阿斯利康、美国 Tempus 和中国复星医药为例，透视全球生物医药行业顶尖企业的创新趋势和实践做法。

4.2.1　阿斯利康推进开放式创新，深化"AI＋药物"研发布局

阿斯利康是全球领先的生物制药企业，总部位于英国。阿斯利康以科学和创新为主导，聚焦肿瘤学、生物制药（心血管、肾脏和代谢、呼吸和免疫学以及疫苗）以及罕见病三个领域，同时关注人工智能在生物医药领域的应用场景挖掘。

以投资手段获取外部专业知识补充，强化专业能力。阿斯利康持续开展创新投资布局，着力于在肿瘤、生物制药以及罕见病三个领域汲取新的外部技术和能力。在肿瘤领域，阿斯利康收购生物技术公司 Gracell，以推进在肿瘤和自身免疫性疾病的细胞治疗方法的研发进度，与生物技术公司 Cellectis 达成合作，获得其基因编辑技术和制造能力用于加速治疗药物的开发。在生物制药领域，阿斯利康收购 CinCor 和 Eccogene 的独家许可协议，加强高血压、肥胖和其他心脏代谢疾病的能力布局，与 Quell Therapeutics 公司达成合作，获得自身免疫疾病的细胞疗法的开发、生产和商业化的权利。通过收购疫苗公司 Icosavax 以加强 RSV 和人类偏肺病毒（hMPV）联合疫苗研发，加强疫苗和免疫疗法的管线。在罕见病领域，阿斯利康通过收购辉瑞的临床前基因治疗组合方案，以此补充产品线和创新技术，帮助推动下一代基因药物的研发。

以早期发现和精准医疗为重点，挖掘人工智能应用场景。阿斯利康认为人工智能和新的数字技术能帮助企业提高发现治疗方法的效率，推动患者诊断、检测和治疗逐步改变。**一是**推动人工智能应用于疾病生物学。阿斯利康通过多组学、功能基因学与人工智能的创新融合，帮助发现疾病的新驱动因素。**二是**推动人工智能应用于临床治疗，通过优化数据和人工智能的使用，设计和提供以患者为中心的临床试验，改善患者和现场医护人员的体验，提升患者的治疗效果。**三是**推动人工智能应用于药物研发，将人工智能应用于症状识别到临床开发的流程中，提高向患者提供药物的速度。

推进开放式创新，助力"AI＋药物"研发布局。面对"AI＋药物"的技术发展趋势，阿斯利康通过推进开放式创新，从数据获取与数据应用两个方面发力，强化自身"AI＋药物"研发能力。在数据获取方面，阿斯利康采取三种方式推动数据获取，**一是**设立区域研发中心，加强区域合作。阿斯利康在上海设立研发中心，并将上海的全球研发中心升级为全球第五大战略研发中心，使上海成为其唯一一个在欧美之外的战略研发中心，以此借力中国医疗大数据发展，获得医疗疾病数据，与中国企业共同推动药物与治疗方法的研发工作。**二是**打造数字平台，推出数字医疗解决方案。阿斯利康搭建 A.Catalyst 创新合作网络，与人工智能解决方案供应商 Qure.ai 合作，使用人工智能平台提供实时恶性肿瘤风险评分，截至 2023 年，该方案在 29 个国家的 335 个地点进行实施，累计获取 150 多万张胸部 X 光片图像数据。**三是**积极参与政府公益服务项目。阿斯利康参与英国国家医疗服务体系肺癌筛查项目，获取有资格进行临床试验的患者数据，基于所获取的数据，在罕见病领域，阿斯利康与 Verge Genomics 合作，利用 Verge 的人工智能平台对患者组织样本进行迭代训练，以获取更有效地识别和验证疾病的治疗靶点，在肿瘤治疗领域，与 Qureight 合作，利用成像数据分析和人工智能模型，研究罕见病和复杂肺部疾病患者对于新药的反应。

推动内部管理变革，激活企业创新活力。阿斯利康从研发机制与人力资源两个方面推动内部管理变革，以此激活组织创新活力。研发机制方面，阿斯利康建立研发提级机制，根据环境因素与投资组合因素明确研发项目的战略优先度，根据优先度对项目的研发活动进行提级或者终止处理，以此达成战略对研发活动的指导作用。人力资源方面，阿斯利康创新调整激励机制，着力强化组织能力，取消绩效评级，将员工培训、员工发展等目标加入组织绩效目标，推动管理层为自身团队发展赋能，并且每年举办多次绩效发展研讨会，以此激活组织创新活力。

4.2.2 Tempus 用 AI 推动精准医疗，挖掘医疗数据资产价值

Tempus 成立于 2015 年，是一家通过人工智能收集、分析分子生物学和临

床数据的公司，致力于通过人工智能技术收集、分析分子和临床数据，大规模部署对当今患者护理和未来研究产生真正影响的解决方案。目前 Tempus 企业估值 575 亿人民币，位列《2024 全球独角兽榜》第 81 名，在生物科技行业中排列第二名。

推动双平台打造，实现数据采集与数据价值挖掘的商业循环。Tempus 打造了面向医院与客户的交互平台以及对信息进行结构化解析的数据平台。其中，交互平台主要有两个方面作用：**一是**数据采集。Tempus 通过线上交互平台，以提供低价测序服务为切口，获取临床病人的生物学信息、临床特点、基因数据与图像数据，建立起世界上最大的癌症数据库，覆盖了美国近 25% 的癌症患者。**二是**数据价值应用场景挖掘。Tempus 通过交互平台针对医院、药物研发企业以及 FDA 三类客户分别提供诊疗服务、药物研发、药物审查等差异化服务。数据平台是 Tempus 形成产品的核心，Tempus 通过光学识别与自然语言处理技术，将所获取的数据资料结构化，并且运用机器学习与 AI 建立生物学模型，实现临床数据的高效管理。Tempus 商业模式示意图如图 4-5 所示。

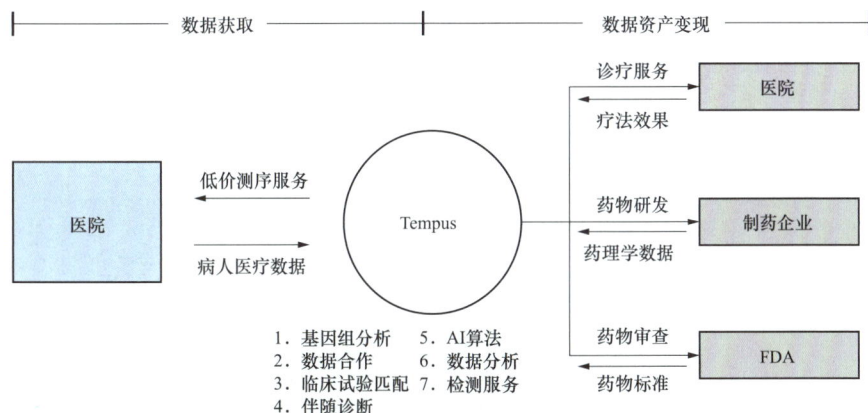

图 4-5　Tempus 商业模式示意图

推动开放式创新，形成数据资产价值挖掘的正向循环。Tempus 以四类主体为核心构建研发生态圈，形成数据获取、数据处理、数据价值挖掘与数据反馈的正向循环。第一类是专业能力机构，主要为 Tempus 提供数据处理能力，Tempus 的交互平台与数据平台运转的核心能力是测序能力与 AI 分析能力，

Tempus 通过与测序巨头 Illumina 合作，为自身提供测序能力。第二类是官方机构，作用是数据获取以及数据反馈，Tempus 与美国 FDA 建立了长期合作，共同探索新兴和新批准疗法的临床应用，包括疗法的最佳排序、患者其他疾病对治疗耐受性以及疗效的影响等。第三类是商业机构，作用是数据价值挖掘，Tempus 通过与药物研发企业进行商业合作，进行数据价值变现。第四类是科研机构与医疗结构，作用是数据获取、数据处理与数据反馈，梅奥诊所、西北大学与芝加哥大学等科研机构以及 250 多家医院为 Tempus 提供大量关于患者的原始数据、病理研究以及疗法数据的信息，Tempus 将这些信息输入数据平台中，丰富数据库中的样本案例并且推动 AI 算法的迭代更新。Tempus 近年来合作情况如表 4-3 所示。

表 4-3　　　　　　　　　Tempus 近年来合作情况（部分）

合作方	合作时间	合作内容
美国临床肿瘤协会	2020 年	临床数据、分子数据库
耶鲁大学	2020 年	COVID-19 诊断
拜耳	2020 年	基因组测序
阿斯利康	2021 年	药物研发
强生	2021 年	药物研发
礼来	2022 年	基因测序
GSK	2022 年	药物研发
辉瑞	2022 年	肿瘤疗法开发
BMS	2023 年	肿瘤患者疾病模型

组建多学科管理团队，人才密集保障业务专业性。为了能够匹配业务开展的需求，Tempus 领导团队由来自医疗领域、基因领域、金融领域以及计算机领域的学术背景以及拥有相关从业经验的专业人士组成，为公司的技术路线、行业洞察、商业模式设计提供了专业保障。Tempus 实行严格的选拔机制，不仅看重候选人的专业技能和过往成就，更重视其创新思维、团队合作精神及快

速适应环境变化的能力。通过设立由各领域顶尖专家组成的人才顾问委员会，进行精准的人才评估与招募，确保每位新成员都能为团队带来新鲜视角与增值贡献。公司采取跨领域协作的管理模式，鼓励思维碰撞与知识共享。通过定期的专业培训与战略研讨会，不断提升团队的综合能力与行业敏锐度。

4.2.3　复星医药积极推动组织变革，支持创新药研发

上海复星医药集团成立于 1998 年，直接运营业务包括制药、医疗器械、医学诊断与医疗健康服务，其中制药业务是集团的核心业务。复星医药是我国医药工业的头部企业，长期处于国家工信部中国医药工业信息中心颁布的中国医药工业百强企业榜单中的前列，复星医药重视药物研发，多次入选全球医药企业研发管线规模 Top25。

聚焦核心领域，推进创新产品开发落地。复星医药聚焦肿瘤（实体瘤、血液瘤）、自身免疫、中枢神经等核心领域，以推动同类首创与同类最佳产品的研发及商业化为目标，持续投入资源开发创新药物，提升自身核心研发能力和管线价值。2022 年和 2023 年获得发明专利授权数量分别是 48 项、74 项，其中复星医药投入大量资源在肿瘤领域进行创新药自研布局，其余核心领域通过引进创新药进行布局。2022—2023 年复星医药自研创新药项目数量分布如图4-6 所示。

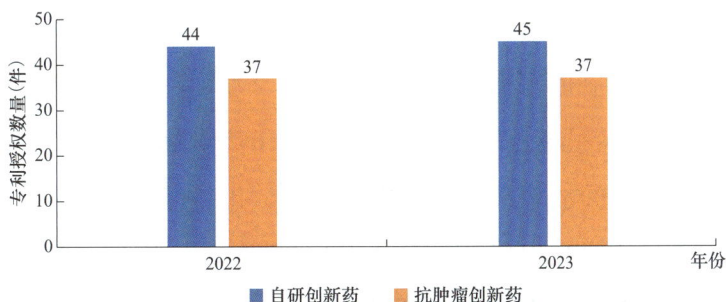

图 4-6　2022—2023 年复星医药自研创新药项目数量分布

推动组织变革，支撑创新药业务开展。为了支撑创新药业务开展，复星医药积极推动组织变革，集聚创新资源。**一是**设立创新药事业部。复星医药在 2022

年将制药业务分设为创新药事业部、成熟产品及制造事业部和疫苗事业部，强化业务分线聚焦，创新事业部依托全球研发中心对创新药研发团队及创新产品管线进行统筹管理。**二是**完善顶层治理结构建设。2023 年，复星医药在集团层面成立科学顾问委员会（SAB），共有委员 12 人，由国内外院士、科学家、临床专家等组成，涵盖肿瘤、心血管、免疫学等多个领域，用以协助集团管理层制定优化中长期科创和研发战略，SAB 对集团整体研发战略规划、在研管线和具体项目具有审阅、评估和建议的权利，同时对早期研发项目的资源投入、合作模式以及实施路径提出针对性建议。

初步探索"AI＋药物"研发布局，提高药物研发效率。复星医药携手清华大学智能产业研究院孵化的水木分子，初步探索人工智能在药物研发领域的应用，推进大模型在医疗领域的布局，通过将药物研发经验与人工智能大语言模型技术相结合，构建全球首创 AI 药物研发量化决策评估系统，提升药物研发决策效率、增强决策准确性。

4.3　汽车行业企业创新实践

汽车行业以汽车整车制造为核心，向上包含汽车零部件及配件制造，向下包含汽车贸易、服务。在全球倡导"碳达峰"和"碳中和"的环境下，数字化、智能化、绿色化转型成为汽车行业企业发展的共识，新能源汽车成为各大车企在汽车市场竞争中获胜的关键要素。在此背景下，传统车企通过布局新能源技术与服务，加速自身转型，以抢占新能源汽车市场份额；新能源车企则优化创新布局，围绕出行体验加快智能技术融合创新，以持续提升自身产品力，并且试图引导汽车产品定义，以维持自身先发优势。

围绕绿色化转型，制定电池研发规划。在绿色化转型趋势下，新能源汽车在汽车市场中的占比预期愈发提高，根据高盛预测，纯电动汽车在全球市场的销量占比将逐步提升，2035 年预计将达到 49%。电池技术是打造产品技术优势的重要因素，电池性能、充电速度以及电池种类成为各大车企进行技术布局的主要方向，其中，电池技术不仅限于电动汽车，氢能源以及燃料电池技术开始进入车企的中长期电池技术研发规划中，并且逐步进入落地阶段。不同类型汽车全球预计销量占比如图 4-7 所示。

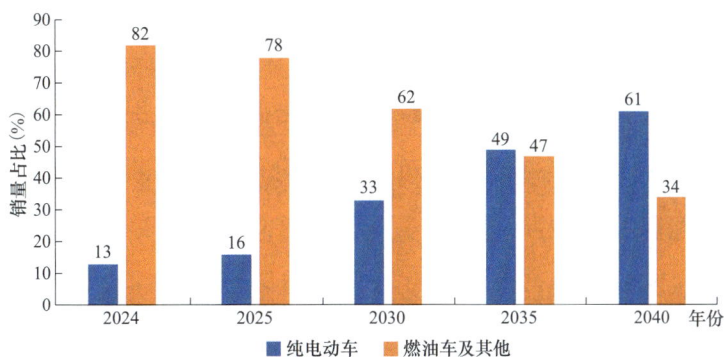

图 4-7　不同类型汽车全球预计销量占比

驾驶体验成为汽车产品的定义维度，智能汽车转型成为共识。随着数字技术的高速发展，在新能源汽车新势力车企产品的引导下，出行体验成为消费者重视的特质之一。汽车的产品属性从出行工具向出行生活方式进行转变，围绕消费者的生活场景，各大车企积极推动将数字化技术应用于汽车以及生活的交互场景中，开发数字化服务组合，提升消费者的驾驶体验，以期形成差异化优势。各大车企在各个场景中的数字化服务示例如表 4-4 所示。

表 4-4　　　　　　各大车企在各个场景中的数字化服务示例

服务	出行	娱乐	工作	健康
车载功能服务	1. 用户访问 2. 智能灯光 3. 车载摄像头	1. 立体声系统 2. 智能汽车助手 3. AI 虚拟交互程序		
用户驾驶服务	1. 自动驾驶 2. 车路协同导航功能	1. 游戏娱乐程序 2. 音乐流媒体 3. 车内 AR 游戏		1. 疲劳驾驶提示 2. 车内氛围灯
用户非驾驶服务	1. 停车场搜索与支付 2. P2P 租车/共享汽车 3. 自动停车与充电 4. 出行计划制定		车内智能管家系统	

续表

服务	出行	娱乐	工作	健康
数据服务	1. 预测性维修 2. 车辆数据应用商城 3. 基于数据车辆的车险计算		1. 车队管理诊断 2. 行车记录/定位追踪	1. 道路救援 2. 安全交通规划

积极打造创新生态，联动各方推进技术跨界融合。随着汽车行业绿色化、智能化发展趋势愈发明显，消费者对于汽车的需求被不断引导，车联网、自动驾驶、人工智能等跨行业跨领域的交叉创新需求不断出现。对于传统车企，面临的转型压力、产品功能的重新定义，让其原先构建的研发体系难以及时响应市场需求，而对于新势力车企，需要快速响应消费者需求，持续开发新产品以引导消费者需求，以维持自身的竞争优势。在行业竞争愈发激烈的背景下，构建跨界开放创新体系，通过合作伙伴建立产业创新联合体，成立技术联盟，集聚各领域创新资源，开展联合研发，成为车企研发的最佳路径。

本节以日本丰田、德国宝马和中国蔚来为例，透视全球汽车行业顶尖企业的创新趋势和实践做法。

4.3.1 丰田汽车公司转型出行解决方案，管理改革激活企业活力

丰田汽车公司成立于 1937 年，是世界十大汽车公司之一。2023 年，丰田汽车营业利润达 5.35 万亿日元，同比增长 96.4%，创造 91 年以来的最高利润纪录，超过中国排名前十的车企利润总和，连续 4 年蝉联全球第一大汽车制造商。丰田汽车以动力电气化、驾驶智能化以及出行多样化为主要发展方向，将发展定位调整为出行方案解决商，并以此制定系列创新技术路线，开展创新活动。

转型绿智出行方案供应商，多路线应对行业发展趋势。基于对于汽车产业未来发展方向的判断，丰田发布丰田移动出行发展规划，包含三个阶段：**第一个阶段**是将汽车视为交通工具，推动产品电气化、智能化转型，丰田将通过多条技术路线，推出新能源汽车、开发自动驾驶功能，并且逐步建设充电网络。

第二个阶段是将移动出行视为服务模式，增加客户出行工具的选择，丰田计划在这个阶段针对海陆空甚至太空出行场景开发不同的载具，对于老年人、行动不便者以及边远地区人民等不同用户群体，推出相应的出行服务。

第三个阶段是将出行与城市发展相互联结，推动移动出行与基础设施之间的协同，丰田计划在此阶段利用数字技术建立将能源系统、物流系统、交通系统以及人们日常生活相结合的移动生态系统，例如建立低碳排放的新物流供应链与城市一体化自主交通等场景。丰田移动出行发展规划示意图如图 4-8 所示。

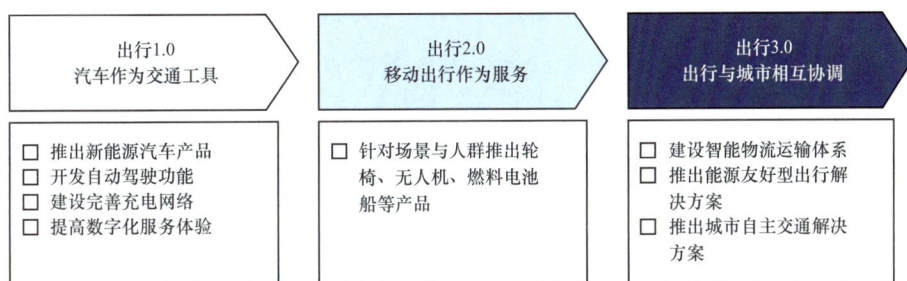

图 4-8　丰田移动出行发展规划示意图

系统制定创新技术路线，为商业模式转型提供技术支撑。丰田从汽车制造、核心零部件、数字服务三个方面制定技术路线图，以此实现出行 1.0 阶段的转型目标。**一是**推动制造工艺创新，提高生产效率。主要从生产技术、流水线设计与数字化转型三个方面进行。在生产技术方面，丰田计划采用新的模块化结构，通过创新技术千兆铸造的应用减少零部件数量和制造步骤，以此提升生产效率；在流水线设计方面，丰田计划推动自动化制造流程，包括调整座椅和其他部件的安装工序，简化生产机器人和其他设备的设计和操作等；在数字化转型方面，丰田计划运用数字孪生技术与 AR 技术，进行制造过程的数字化研究，使设备设计师、产品经理和工作人员能够提前识别潜在的设计风险。**二是**加快核心零部件研发，提升车辆性能，打造产品核心竞争力。第一，电池研发，面对汽车绿色化转型的趋势，丰田提出了三条能源发展路线，分别是电动电池、碳中和能源以及燃料电池。第二，电驱系统，丰田计划利用润滑设计、流体分析技术、减少动力控制单元冷凝器容量等技术，提高电驱系统冷却性能，从而缩小电驱系统尺寸，进而增加客舱的空间，提高舒适性。第三，芯片制造，丰田计划了两条芯片发展路径，提高纯电动汽车的效率，一条是自主研发碳化硅晶片，另一条是开发 8 英寸晶圆。**三是**开发数字服务平台，开发消费者生活场景，丰田自研 Arene OS 软件平台，通过在软件平台开发应用程序，以此开发消费者购物、工作、烹饪以及休闲等场景。目前分为两个方向，第一个方向是智能驾驶舱，丰田意图将娱乐功能、车内外信息交互、人工智能语音交互等集成在驾驶舱内，提升车内人员的出行体验，第二个方向是出行支持系统，通过数字技术将信息进行集成处理，辅助出行，一方面实现出行计划规划，对于消费者端根据消费者的日程、身体状况、社区等生活社区信息，制订出游计划并向乘坐人员推荐，对于公司端，根据卡车驾驶、交通限制等数据相结合，对每日货运情况的波动进行实施收集整理，协助制订运输计划。另一个方面是驾驶辅助功能开发，丰田目前正在开发丰田安全感知系统，将涉及紧急制动和专项的情况用于训练人工智能，以此提高紧急状况的识别率和准确性，提升辅助驾驶系统的安全性能。

强化同业合作，组建战略联盟打造产业创新体系。丰田通过三种方式推动联合创新，**一是**与供应商构建开放式创新平台，丰田与供应商互派专业人员入驻，推动供应商参与丰田车辆设计和零部件研发，构建协同创新体系。**二是**与竞争企业组成产业联盟，整合优势领域的技术资源，获取外部技术支持，共同解决问题。**三是**与高校、科研机构进行产学研合作，通过人员互派、技术开发委托、人才培养等方式，为丰田构建起基础研究、消费者研究以及跨学科研究的研究资源池。在面临汽车行业快速发展的新趋势下，丰田加强了与同业企业之间的产业联盟建设，丰田与五十铃汽车、日野汽车、铃木汽车、大发汽车共同组建的 CJPT 联盟，并且推动 CJPT 联盟向国外扩张，构建 CJPT-Asia 联盟。

4.3.2 宝马集团打造新能源出行生态，构建创新联合体获取技术支持

宝马集团是世界十大汽车制造厂商之一，业务范围包括汽车制造、摩托车

制造、汽车金融以及出行服务。宝马集团重视新能源汽车带来的市场机遇，大力推动汽车绿色化转型，持续加大对创新活动的资源投入，2023 年宝马集团研发费用同比大幅增长 13.8%，主要用于所有车型的数字化和电气化以及自动驾驶功能的开发。

围绕出行生态进行业务布局，推动汽车新能源转型。宝马集团一方面持续投入资源提升汽车产品力，进行全电动车型的开发以及作为替代技术的氢能源的开发，投入资源进行软件平台推动产品智能化发展；另一方面，围绕新能源汽车售后充电和汽车租赁进行布局，为消费者提供充电解决方案以及电动汽车，截至 2023 年，宝马集团已在全球布局超过 200 万个充点电，在欧洲建立了 58.8 万个充点电，并且正在推动在中国、美国和加拿大安装充电点。同时，宝马集团通过 FREE NOW 平台与自己搭建的 MyBMW 程序，向客户提供各种类型的电动共享汽车，推行电动出行模式，宝马集团预计 2025 年电动出行的份额将会增加到 50%。

聚焦资源推动电气化、智能化技术突破，支撑企业绿智转型。新能源智能汽车产品是宝马集团发展的重中之重，宝马集团计划 2024 年在 12 个细分市场推出 25 款纯电车型，到 2030 年，纯电车型的销售量占集团销售量的 50%。为了支撑此目标，宝马集团在电气化、数字化体验方面做出了技术创新规划。**一是**聚焦电池技术与智能充电技术支撑产品电气化，在电池开发方面，宝马集团推动第六代锂离子电芯技术研发突破；在智能充电方面，宝马集团致力于推动将电动汽车整合到电网当中，推动电动汽车成为移动储能单元。**二是**以数字体验与自动驾驶为主题开发数字技术，在数字体验方面，宝马集团开发宝马 IDRIVE 操作系统，在操作系统上搭载了娱乐信息平台、自动驾驶平台以及智能汽车平台并持续推动更新；在自动驾驶方面，宝马集团以安全与稳定为核心开发逻辑，推出 BMW personal Pilot 功能，并计划在 2024 年上线 L3 功能，能够在特定情况下接管驾驶并自动管理速度、距离与车道追踪。

打造三类联合体，调用外部力量构建创新生态圈。宝马集团通过打造区域联合体、企业联合体以及投资联合体三种方式，构建创新生态圈，帮助自身获取外部技术能力。**一是**通过设立研发中心、测试基地或者参与研究项目与当地政府打造区域联合体，共同探索技术应用场景。**二是**通过与技术供应商或者同业对手合作构建企业联合体，推进技术开发与技术应用。2023 年，宝马通过与亚马逊网络合作，借助亚马逊网络的能力，开发用于处理车辆数据的创新云技术，并开发用于安全处理车辆数据的商业标准云解决方案。**三是**构建投资联合体，宝马集团构建了宝马 iVentures、urban-x 以及宝马创业车库这 3 个投资平台负责不同方向的投资活动，以此为宝马吸收补充外部技术力量。

数字技术赋能内部管理，提高企业运营效率。管理数字化转型也是宝马集团推动工作的重心，主要体现在供应链管理以及汽车制造方面。**一是**数字化赋能供应链溯源，推动 AI 应用于供应链风险管控。宝马集团与 Catena-X 公司合作，打造数字化供应链管理系统，建立共享数据生态系统，同时宝马集团还建立了 RiskHub，负责分析收集外部公开信息源的信息并使用信息对 AI 进行训练，用以精准识别供应链风险。**二是**数字孪生技术赋能汽车制造，探索 AI 进行标准化制造。宝马集团利用数字化技术建立 BMW iFACTORY，使用数字孪生技术进行工厂建筑、产品的数字规划，模拟完整的制造和装配过程，并且通过数字孪生技术进行预测性维护解决方案，实现数字化维护，同时，宝马集团尝试将人工智能应用于工业机器人上，训练机器人根据客观的质量标准对每辆车进行加工。

4.3.3　蔚来汽车提升体验服务，敏捷化模式提升研发效率

蔚来汽车是国内电动车市场的先驱及领跑者，属于造车新势力中的一员，在新能源汽车市场的竞争中，蔚来汽车采用差异化策略，以用户运营为切入点，不断延伸和完善服务体系，致力于为用户创造超越期待的全程体验，提升品牌价值和用户黏性。

聚焦开发出行生活体验，打造多重服务体系。蔚来围绕移动出行的生活场景开发与售后生态搭建六大服务体系，提升消费者的用车体验，构建自身业务

护城河。**一是**开发生活场景，定义汽车体验服务。蔚来通过搭建 NIO HOUSE，为消费者提供展厅、办公、阅读、休闲、聚会以及城市文化等多种服务功能，将汽车出行与消费者生活场景相联系。**二是**打造汽车订阅服务，推广新能源汽车出行场景。蔚来迎合共享汽车的需求趋势，布局悦享出行，为消费者提供按月使用蔚来汽车租借服务，租车用户享受与购车用户同样的社区权益。**三是**开发衍生生活场景。蔚来对食品、服饰、家居用电以及电子产品等其他品类进行布局，将汽车出行逐渐扩散到生活场景服务，静待物联网技术将其相互连接。**四是**搭建能源服务体系，提升售后充电便利性，优化充电体验。蔚来依托蔚来云技术，为消费者提供"居家＋在外"两套能源服务体系，居家通过提供私人充电桩安装服务满足消费者的充电需求，而在外则是通过提供"充电地图＋充电站＋换电站"的体系。**五是**构建售后服务生态，提供养车服务。蔚来建立"服务中心＋服务车＋交车服务"服务，为消费者提供线上预定、上门服务、送车上门的便利维护服务。**六是**开发汽车回收服务，实现产品全生命周期的服务闭环。蔚来以二手车保值率为核心，推出二手车 NIO Certified 服务，用户以此享受电池技术升级福利，并且蔚来将协助用户卖二手车并为客服提供复购权益，推动汽车以旧换新。

围绕重点领域形成扁平化管理组织，打造网络型敏捷组织推动研发工作。为了应对日益激烈的市场竞争，提高研发效率，蔚来汽车主动对组织结构与开发模式进行调整。组织结构方面，为了强调创新与效率，蔚来汽车对研发线的组织架构进行了调整，将原有的三电系统、整车制造和数字智能化三大研发部门拆分为 10 个平级部门，各个部门负责人直接向总经理负责。开发模式方面，蔚来汽车采用规模化敏捷的开发方式，建立多个前端敏捷战队，每个前端敏捷战队由产品负责人、测试顾问、敏捷专家、开发工程师与测试工程师组成，由各个产品负责人接受产品开发需求后统筹协调研发工作开展，由此将高度相关但属于不同技术领域的能力资源进行整合，并且通过产品开发的进度将多个技术线的目标进行统一。

4.4　能源行业企业创新实践

在双碳背景下，光伏、风电等可再生能源技术在各国得到大力推广，能源结构中可再生能源的比例持续提升，根据 IEA 预测，相较于 2020 年，2030 年可再生能源在各个地区能源结构中的占比提升接近 20%。能源向清洁低碳转型对发电、输配电、售用电等环节提出新的技术变革要求，企业需要围绕清洁替代、能源互联、能效提升、减碳技术等加快技术创新、商业模式创新与管理创新，支撑新型电力系统建设和新型能源体系建设。IEA 关于 2030 年各地区可再生能源占比的预测如图 4-9 所示。

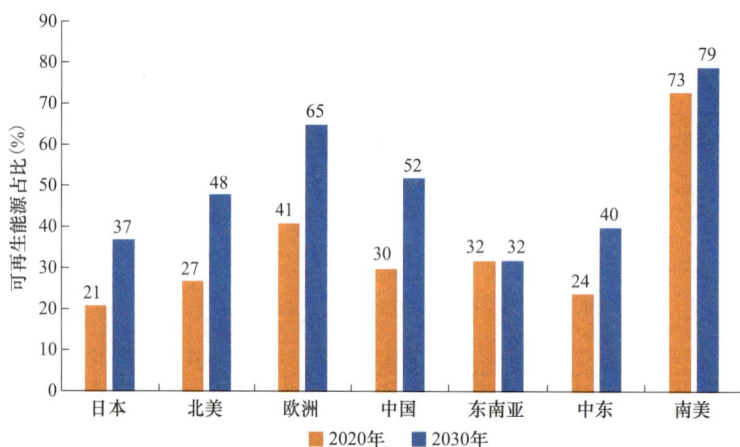

图 4-9　IEA 关于 2030 年各地区可再生能源占比的预测

对于发电侧企业来说，能源结构多元化，往产业链上下游延伸成为创新的方向。政策支持、技术发展以及能源结构预期将发生改变等多种因素为企业带来布局多种可再生能源以及储能的机会，而风电、光伏等新能源的快速发展也为发电侧企业带来了向相关产业链延伸创新的机会。

对于电网侧企业来说，强化用户视角，深入开发业务场景用能需求，是能源发展趋势下的创新方向。能源结构的变化带来消纳、用能波动等问题，一方面要求电网企业持续推动电网运营数字化升级，打造数智坚强电网；另一方面需要电网侧企业主动从用电侧视角去进行引导与管理，深入用户的业务场景，提供用能咨询服务。

持续完善创新管理机制，成为能源电力企业管理创新的方向。在发展理念、技术模式、商业模式、面向客群等系列发展因素改变的环境下，能源电力企业一方面需加强自身的技术积累以应对行业环境变化带来的挑战，另一方面又需要通过联合创新，补充用户视角，以市场需求引导技术创新与技术转换，这就要求能源电力企业在组织、平台、机制建设方面进行管理变革，以给予创新活动足够的支撑。

本节以德国意昂、中国协鑫和中国长江电力为例，透视全球能源电力行业顶尖企业的创新趋势和实践做法。

4.4.1　意昂集团转型综合能源解决服务商，加速业务场景开发

德国意昂集团是全球电力行业龙头企业之一，2021 年在世界 500 强中排名第 130 位，其秉持着"打造欧洲碳中和的可持续平台"的理念持续推进自身的低碳发展，推动自身战略转型，逐步剥离传统能源业务，专注于能源网络与客户解决方案，向综合能源服务商转型。

业务范围逐步扩张，推动能源服务客群精细化运营。随着集团转型的推进，意昂集团两大核心业务——能源网络与用户解决方案的业务范围不断扩张，一方面是能源服务的类型从原先的电力扩张到电力、天然气能源网络的管理与运营，并且正在推动热能与氢能的业务开发；另一方面是用户解决方案的用户的服务需求开始出现分化，意昂集团将用户类型分为对公与零售两种类型，并为不同类型的用户设计了个性化的服务组合，对于对公用户，意昂集团提供能源基础设施解决方案（"ELS"），向城市、社区以及工商业用户提供包括分散式电力、热力和冷气的解决方案组合，以及能源效率和减碳解决方案，对于零售用户，意昂集团为其设计了未来能源之家（"FEH"）服务方案并搭载在能源管理应用 E.ON Home 上，内容包括自家发电的太阳能模块、用于储能的电池系统以及电动汽车充电站，2023 年，意昂集团推出针

对电动汽车的新功能服务"eMobility"，让消费者能够在能源更便宜的时候自动为电动汽车充能。

主动调整组织结构，为战略落地提供专业化支撑。 随着业务客群的逐步细分，对公用户市场对于热能需求的快速增加，为了更好应对市场的变化，意昂集团在原有的能源网络与用户解决方案的基础上，将"能源基础设施解决方案"加入集团的战略当中，并且将能源基础设施解决方案独立设置为一个部门，将原有的"用户解决方案"部门改名为能源零售部门，形成能源网络、能源基础设施解决方案以及能源零售三个核心部门，分别对应集团能源管道建设，对公用户能源解决方案以及零售用户能源解决方案三大业务板块，实现专业化运营。

持续开展技术创新活动支撑业务转型，数字创新成为创新活动核心。 意昂集团能源业务的转型对相关技术能力支撑提出了很高的要求，受益于围绕能源网络、能源解决方案、基础设施与储能以及数字化技术等方面创新活动的持续性投入，意昂集团在 2013 年便初步完成了氢气运输的技术储备，在 2016 年完成了热能业务的技术储备，在 2019 年前便初步完成了分布式能源相关的技术储备。意昂集团历年来创新活动代表项目如表 4-5 所示。

表 4-5　　　　　　　　意昂集团历年来创新活动代表项目

技术领域	2011—2013 年	2014—2016 年	2017—2019 年	2020 年至今
能源网络	1. 分布式能源并网、电压稳定系统智能电表 2. 高压转换效率提升技术 3. 热点联供系统效率提升	1. 智能计表与能源管理手机应用 2. 小型离网发电系统测试	1. P2P 能源交易项目 2. 能源需求快速响应项目 3. 实时微网操作与控制项目	1. 开展未来分布式和数字能源系统试点项目 2. 开发智能热泵、能源储存方案
能源解决方案	1. 分布式能源发电和存储解决方案 2. 充电系统和移动出行方案研究 3. 虚拟电厂研究	1. 开发家庭热能远程管理项目 2. 开发分布式发电单元检测软件	1. 家庭电力设备在线连接 2. 开发分布式能源供应的新商业模式、可持续城市区域解决方案	1. 能源密集型工业企业在生产过程中能源节省方案 2. 针对工业和商业用户开发特定的碳减排解决方案

续表

技术领域	2011—2013 年	2014—2016 年	2017—2019 年	2020 年至今
基础设施与储能技术	氢气入管项目	1. 基于无人机的电力设备检测系统 2. 建设兆瓦级的中亚电池存储系统	针对分布式和不稳定发电系统开发能源存储和能源分配方案	开发可移动和灵活部署的电池储能系统
数字化		成立数据分析实验室	研究数据在新能源领域的作用	数字化电动汽车充电方案工具

数字化技术发展为业务的赋能愈加得到意昂集团的重视。意昂集团认为，数字化将成为未来能源格局的基石，智能电网技术（如智能电表和智能变电站）的使用，让外部数据的集成以及建设运营流程的标准化成为可能，传感器和智能计量和控制技术将为推动分布式发电和消费的实施控制提供技术支撑，2023年，意昂集团将数字创新列为集团的核心创新活动，将推出标准化、智能化和开发新的数字解决方案列为能源网络的首要任务，一方面，帮助集团更有效地运营、管理可再生能源发电设施日益增长的发电比例；另一方面，数字化技术也能够为用户提供更加高效的解决方案，如智能移动充电解决方案、标准住宅电表和智能电表相关的新服务，2023年，意昂集团推出了 Evercharge 解决方案，基于人工智能技术，自动检测充电系统故障，用于防止充电点中在用户使用时断供电。

建设内外部创新机制，深挖创新资源。意昂集团针对集团内部与集团外部建立了两套创新管理体系，分别挖掘集团内部与集团外部的创新潜力。

对于意昂集团内部，意昂集团打造了内部创新孵化器"EGI"，EGI 与核心业务部门共同实施创新项目，并将其快速发展为适销的产品与服务，同时建立内部创新机制，在集团定期举办"电网创业挑战"创新项目，面向集团内部子公司征集创新项目并且推动创新项目进行试点应用，2023年意昂集团通过该创新项目产生了六个新的试点项目，例如子公司 Westenergie 与外部初创公司合作，推出了用于检测天然气配送网络中甲烷泄露的激光传感器，另一家子公司开发了利用声学信号快速检测和分析变电站故障的人工智能技术。同时 EGI

也负责推进与大学、研究机构的合作，2023年，意昂集团与亚琛大学成功完成了16个研发项目，并且共同推进19个项目的实施。

对于意昂集团外部，意昂集团主要通过投资与建立合作关系，推进开放式创新。意昂成立了一家投资公司E.ON ONE，面向市场收购数字技术初创公司，将初创公司的数字解决方案集成到意昂集团的系统架构中，以增强意昂集团的数字服务能力。同时，意昂集团还积极推动与其他国家的能源公共事业公司合作，共同寻找能源解决方案，意昂集团与来自欧洲、北美、澳大利亚和亚洲的六个能源企业合作，开展全球加速器项目"自由电子"，以实现和加速能源转型，2023年意昂集团与能源Rondo建立合作关系，共同开发储能技术在工业场景上的解决方案，同时与英国的Naked Energy建立合作关系，利用太阳能热和混合技术，在大型工业和城市场景中开发可再生热能解决方案。

4.4.2 协鑫集团构建能源生态，挖掘能源应用场景

协鑫集团成立于1990年，是国内成立最早的民营电力企业，最初以火力发电为主要业务，而后进入光伏行业，凭借完成多晶硅项目等多项技术改造，降低生产成本，最终渡过行业寒冬，在国家碳达峰、碳中和目标的引领下，协鑫集团加快业务布局，以新能源发电为原点，向相关产业链上下游逐步延伸，构建集团业务布局，旗下拥有4家A股、H股上市公司，连续多年位居全球新能源500强以及中国企业500强新能源行业前两位，2023年位居中国民营企业500强第40位。

积极响应能源变革，围绕"源网荷储"建立业务体系。 在构建以可再生能源为主的电力系统的背景下，协鑫集团积极围绕"源网荷储"构建能源生产、能源交易、能源网络和服务一体化生态链，推动自身从清洁能源生产商向清洁能源综合服务商转型。在"源"方面，协鑫集团不断发展壮大清洁电力产业，持有光伏、风电、生物质以及燃气热电等多种类型的发电装机，同时向光伏产业链上下游进行产业布局，逐渐形成硅片、电池、组件研发、生产、系统集成及电站建设与运维的产业布局体系。在"网"方面，协鑫集团综合利用天然气

热电联产、太阳能、低位热能、氢能以及多种能源技术，通过多种能源之间的有机结合，为用户提供高效的能源供应，构建"电—热—冷—信息"综合能源网。在"荷"方面，协鑫集团积极布局售电、碳资产、绿电等能源交易业务，在全国各省拥有 20 多个能源交易牌照，累计交易绿电及绿证超过 1 亿 kWh，获得国家"需求侧管理服务机构"一级资质。在"储"方面，协鑫集团专注于开发以磷酸铁锂为核心的电化学储能技术，自主研发能源管理系统、电池管理系统和储能云平台，覆盖家庭、工商业、大型集装箱等多种产品，为用户提供储能解决方案，同时围绕锂电储能产业链，积极布局锂矿加工、材料制造、电池制造、终端产品、储能平台以及电池回收等环节，形成产业链闭环。

推动产业链协同创新，加速技术应用场景挖掘。协鑫集团以能源为源头，积极与工业、交通、建筑三个产业领域的企业合作，共同打造产业绿色化发展范式。在工业领域，与国内高端产业园区全面开展零碳产业园，率先开展以微网为载体的综合能源服务实践，协鑫集团为园区提供涵盖分布式能源、用户侧储能、充电场站建设在内的能源解决方案，帮助产业园区探索绿色发展路线。在交通领域，协鑫集团与车辆平台、主机厂、电池厂商开展合作，助力城市零碳智慧交通，协鑫集团以"综合能源站＋充换电补能点"作为主体框架，与网约车、出租车以及物流公司合作，探索电池银行、电池梯度利用、换电通用性、储能等技术在城市枢纽、物流场站等经典场景的综合运用。在建筑领域，协鑫集团通过研发建筑光伏一体化组件、光热一体化组件等产品，与建筑企业相互协作，针对城市屋顶光伏排水、物资回报率等问题，开发解决方案，拓展光伏应用场景，降低建筑领域的温室气体排放。

完善科技管理体系建设，提升企业创新效率。为了高效推动集团创新活动，协鑫集团构建了一套分工明确的"集团—产业板块—下属企业/研究院"组织管理体系，在顶层设计方面，集团董事会科技创新委员会为协鑫集团的技术发展赋能，中央研究院是集团科技管理归口部门，负责前瞻性技术规划、研发资源统筹、"政产学研用"整合、科技研发管理、考核评价。在执行层面，各产业板块的专业研究院和技术中心，下设多个产业研究院和海外研发中心，负责具体的研发工作，包括专项创新、产品技术线与专业技术线，包括新工艺、新技术、新产品开发、装备及工程化等方面的科研工作。

4.4.3 长江电力探索布局新赛道，搭建平台推动技术创新

长江电力以大型水电运营为主要业务，是全球最大的水电上市公司，在国家大力支持以水电、太阳能、风电为代表的清洁能源发展的背景下，长江电力在坚持做强做优水电主业的基础上，开始尝试往产业链上下游和相关领域进行战略布局。

制订三条发展主线，探索新型发展模式。在国家碳达峰、碳中和等宏观国家战略的背景下，长江电力从产业链条、能源结构与业务形态三个角度，制定了自身的发展战略，以此加快构建自身发展新格局，着力推动高质量发展。**一是**在国际区域尝试向产业链下游延伸，从发电为主拓展到"发—配—售"并举，长江电力在秘鲁推进秘鲁 Arrow 光伏项目，推动公司在秘鲁区域发、配、售产业链不断发展。**二是**拓展能源结构，将产品从单一水电走向水风光储互补，打造世界清洁能源走廊，长江电力积极接管金沙江下游水风光储一体化基地系能源场站，同时开始投资建设公司首座抽水蓄能电站，一方面拓展新能源领域，另一方面以此应对天然来水偏枯的挑战。**三是**从发电侧向用户侧拓展，积极寻找用电场景，发展智慧综合能源业务，长江电力从用户侧角度出发，稳步开发能源应用场景，涉及分布式光伏、储能、氢能等领域，2023 年，长江电力建成投运上海市最大的分布式光伏项目和容量最大的用户侧电化学储能项目，顺利调试"中国三峡绿电氢示范站"，并且投入运营全球载电量最大的纯电动船"长江三峡 1 号"。

聚焦业务发展搭建创新平台，以科技创新支撑战略发展。长江电力根据以水电为主，尝试产业链上下游延伸的战略规划，整合公司科研资源，共同打造五大科技创新平台，聚焦水资源利用、智慧水电技术、智慧长江与水电科学、水电能源气象以及水风光多能互补技术。其中，长江电力联合中国三峡集团科学技术院、武汉大学、长江水利委员会水文局、湖北省水利水电科学研究所等科研单位，

共同打造湖北省智慧水电技术创新中心，并且制订三阶段创新计划。在**第一阶段**（2021—2025 年），围绕清洁能源领域应用基础和前沿技术，开展原始创新和关键核心技术突破研究，建设核心技术研发和成果转移转化基地，加大人才培养和引进，初步形成内部良性循环发展模式。在**第二阶段**（2026—2035 年），加快科技成果转移转化，积极孵化智慧水电创新企业，培育智慧水电创新产业，积极打造水电技术创新行业高地。在**第三阶段**（2036 年—），建成国际一流的水电科研成果转移转化平台，成为国际知名的水电产业孵化器。

4.5　智能制造企业创新实践

智能制造是在新一代信息技术的基础上，将产品制造流程和生命周期作为对象，实现系统层级上的实时优化管理，全面使用计算机自动控制，并实现工业互联网、工业机器人、大数据、人工智能的综合运用。随着灯塔工厂的打造以及头部企业的实践，智能制造对于缩短企业的产品研发时间、降低成本的效果已经得到验证，在全球经济在疫情后逐步恢复常态的背景下，市场需求开始增长。在下游客户在需求、业务场景、能力等方面都呈现出明显的多样性的情况下，对智能制造企业的集成服务能力、跨界创新能力以及管理能力都提出了要求。

深度挖掘数字技术，形成"产品＋操作系统＋数字化技术"集成解决方案。随着数字化技术的发展与产品体系的日益丰富，智能制造企业积极将先进技术应用于产品开发，并且用集成解决方案逐渐取代单一设备，一方面，数字化技术仍然处于快速发展期，云计算、加速计算、芯片等相关产业的快速发展为智能制造企业带来了新一轮建立技术优势的机遇，其中数据应用方式与场景结合方式将成为企业抢占行业先机的关键因素；另一方面，集成解决方案有利于将用户应用场景进行标准化、系列化和模块化开发，在降低研发成本的同时，也能够通过集成解决方案增加用户的黏性，甚至影响用户信息管理体系的建设，从而拓宽业务范围。

聚集资源深耕行业，推动跨界创新挖掘业务场景。面对行业特征、用户能力、业务场景等因素都具备多样性的情境下，做好行业选择、合理分配资源将成为智能制造企业经营的关键主题之一，联动行业合作伙伴、聚集资源进行行业深耕，有利于提升产品创新的效率，提高产品的行业适配程度，逐步巩固自己的市场优势，建立业务护城河。

探索开放式创新机制建设新模式，及时获取技术路线。在技术快速迭代更新，应用场景不断被挖掘的背景下，智能制造企业需要通过探索开放式创新机制的建设方式，以提升对技术路线、应用方式相关信息的获取效率，从而及时对技术与解决方案进行更新，获取技术优势。目前智能制造企业常用于建立开放式创新机制的方式有校企合作、风投合作以及跨行业交流。

本节以日本日立、德国西门子和中国海柔创新为例，透视全球智能制造行业顶尖企业的创新趋势和实践做法。

4.5.1　日立集团完善顶层设计保障创新，助力工业企业数字化转型

日立集团是全球500强综合跨国集团，业务分为数字系统与服务（DSS）、绿色能源与汽车（GEM）以及产业互联（CI）三大板块，2023年，日立集团调整自身业务结构，精简旗下20多家子公司，将资源致力于推动相关产业进行工业数字化转型，持续实施LUMADA战略，挖掘用户的数据价值，向客户提供"IT（信息技术）＋OT（运营技术）＋产品"的综合解决方案，与用户共同推动业务，打造"方案设计、系统集成、运营辅助以系统运维"的业务循环模式。2023年，日立集团的LUMADA业务占比25%，预计2025年将达到32%。日立集团LUMADA战略示意图如图4-10所示。

培育人工智能技术，发力开拓业务场景。日立集团认为人工智能技术的快速发展让集团能够再次挖掘自身超过100年的关于设备故障的数据价值，因此成立"生成式人工智能中心"，着力于将人工智能技术应用于统计数据的分析处理，包括诊断故障迹象以及用于识别和评估现场设备图像状态上。在业务场景开拓方面，当前日立集团正在着力向GEM与CI行业推动"IT＋OT＋产品"

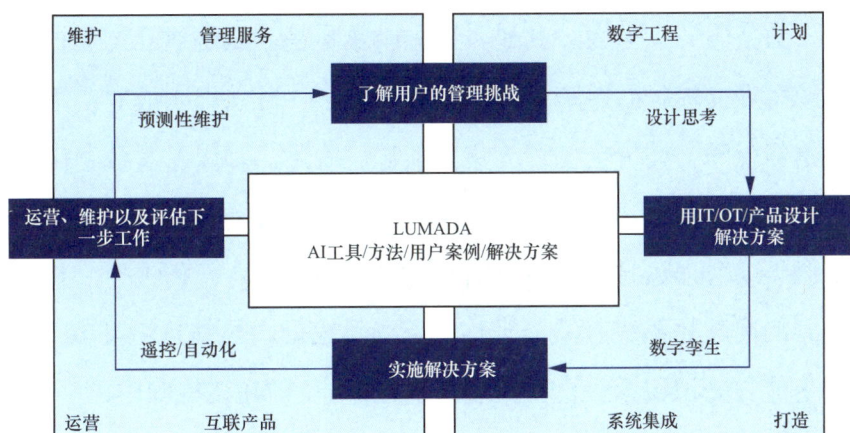

图 4-10　日立集团 LUMADA 战略示意图

的解决方案，2023 年，日立集团在工业、材料开发以及半导体领域取得了突破。在工业领域，日立集团在日立全球空气动力的空气压缩机相关的用户群体中，推进在自动化机器人和数字解决方案的融合方案；在半导体领域，日立集团深化与用户的协同创造，加强半导体制造设备和测量设备与数字化的融合；在材料开发领域，日立集团与积水化学合作，将测量与分析设备与数字技术相结合，实现实验环境的自动化，通过无缝连接实验测量与分析过程，实现从数据采集到分析的自动化过程，缩短研发周期。

完善创新机制建设，有力推动跨界创新活动。日立集团从法人治理、沟通机制建设以及平台建设三个方面完善创新机制的建设。**一是完善法人治理，保障董事会专业性**。日立集团建设董事会培养机制、设立董事会模型，保障董事会在相关领域的专业程度，为跨界创新活动提供顶层护航。首先，日立集团在董事会下设立提名委员会，提名委员会的职责除了选择董事候选人以及制定 CEO 的继任计划之外，还需要负责选择 50 名年轻领导者作为未来董事进行培养，通过讲座和访谈等方式对年轻领导人的领导技能、战略能力和全球视野进行磨炼，打造管理层继任人才梯队。其次，日立集团从专业技能和核心能力两个维度设计董事会成员能力模型，保证董事会成员具备研发、数字化等方面的专业知识，并且拥有不同行业领域的背景，从而保障董事会决策的专业性。2023 年，日立集团董事会成员来源于 9 个不同的行业领域，分别是能源、材料、机械、电力、数字服务、电力、交通、金融以及零售。**二是**建立沟通机制，持续推动内部跨行业交流，创造跨界融合创新的机会。日立集团成立决策与咨询委员会作为组织保障，委员会由日立集团能源、铁路、万代以及数字化业务部门的负责人组成，定期召开会议讨论数字化战略，并且委员会负责组织举办"日立数字峰会"，聚集来自世界各地的日立集团 127 位高管和领导，共同讨论业务场景遇到的问题和解决方案，进行内部场景挖掘。**三是**打造开放交流平台，推动知识交流与知识积累。日立集团通过推进自身 NEXPERIENCE 创造方法，通过设立开放创新中心，邀请各个领域的客户共同探讨行业、技术趋势以及业务场景中的问题，并且深入讨论如何应用前沿技术、相关技术进行解决方案的设计，日立集团通过与用户的交流沟通，研究技术趋势与分析竞争知识产权格局，并且与用户共同设计解决方案，之后日立集团将会收购解决方案所需要的专利，为每个领域的业务开发提供全球支持。

　　多举措引育数字化人才，为企业数字化能力提供人力保障。日立集团强调员工数字化能力对 LUMADA 战略的重要性，主要从人才引进与人才培育两方面入手。人才引进方面，日立集团通过收购与海外引进的方式引入数字化人才，2023 年，日立集团对拥有数字化服务能力的企业进行并购活动，同时还加大在印度的并购与人才招聘，加强集团的人力资本获取。人才培育方面，日立集团通过设置员工培训课程与人才交流，进行员工的数字能力培育，日立集团通过内部的日立学院，根据数字化技能与水平提供了大约 130 门课程，包括基础的数字素质培训以及数字化转型培训，培养员工的数字化能力，并且为员工提供与培训课程相结合的项目，坚持训战结合，同时，日立还与 GlobalLogic 公司相互派遣工程师，促进双方专业人员的交流，引进 GlobalLogic 的数字工程专业知识，加速数字人才发展。

4.5.2　西门子发力细分领域开发，设计退出机制聚集资源

　　西门子是一家活跃于全球的技术集团，专注于制造业自动化和数字化、建筑和分布式能源系统的智能基础设施、铁路运输的智能移动解决方案、医疗技

术和数字医疗服务等领域，分为数字工业、智能基础设施、移动业务和西门子健康以及西门子金融五个业务板块，2023 年，数字工业业务营收增长 11%，其中电子设计自动化（EDA）业务占约 75%。

深度挖掘行业场景，打造行业领先优势。根据西门子年报，西门子数字工业业务将汽车工业、机械制造工业、制药和化学工业、食品和饮料工业以及电子和半导体工业列为最重要的用户市场，为用户提供先进的软件解决方案，优化用户从产品设计和开发到生产和售后服务的整个价值链，支持用户数字化转型，2023 年，西门子公司集中资源开发了 Xcelerator 平台，为福特汽车提供 IT/OT 一体化平台，助力汽车的动力系统开发，同时使用能源数字孪生技术，辅助食品饮料行业的用户降低了 20% 的能源消耗和 50% 的二氧化碳排放，进行提高生产效率，最后，西门体为半导体行业企业推出 Calibre Design Enhancer 软件解决方案，提供多用途模型，能够执行自动布局优化，助力三星 Foundry 推出新工艺设计套件，提高下一代集成电路设计的可靠性和质量。为了能够更好地深入开发相关行业场景，西门子有选择地对投资组合进行了调整，强化对汽车行业、半导体行业等领域的服务能力。

探索融合先进技术，创新解决方案提高工业企业生产效率。西门子的研发活动旨在以创新的方式挖掘真实世界与数字世界的数据价值，以提升用户的产品、生产和资源利用效率。西门子主动探索人工智能、边缘计算、SaaS 和软件定义控制等先进技术融入客户服务方案中的方式，通过打造商业平台 Xcelerator，为用户、合作伙伴和开发人员之间的互动和交易提供平台，促进市场需求导向的技术开发。2023 年，西门子集团推出工业生产产品组合工业运营 X，将人工智能、代码编程、云计算等 IT 功能与自动化技术和数字服务相互集成，同时西门子与 Alphabet 旗下的公司合作，加速基于人工智能的机器人与自动化技术的结合，并且与微软合作，利用生成式人工智能来帮助工业企业在产品生命周期中推动创新和提高效率。

有序退出行业场景开发，盘活资产为集团创新活动聚集资源。西门子公司为不同的行业提供广泛的定制和特定应用的产品、软件、解决方案、系统和服务，为了能够更高效地进行行业业务场景的开发，西门子将根据行业的场景开发程度以及市场反应，对于未能实现潜力的行业，对行业的场景开发进行选择性的进退，退出的行业的子公司将进入西门子的投资组合，通过内部重组、数字化、成本优化以及采购、生产和服务等流程优化手段，在提升子公司业绩表现后，进行合并、出售、股权多元化或者上市退出等方式，募集资源配置到优势行业当中。截至 2023 年，西门子投资组合主要由三个独立管理的部门组成，大型驱动应用公司、转换器以及采矿解决方案，进入投资组合的行业包括石油与天然气、化工、采矿、水泥、物流、能源、水和纤维等行业领域。近年来西门子投资组合调整如表 4-6 所示。

表 4-6　　　　　　　　　　近年来西门子投资组合调整

企业名称	功　　能	操作	时间
MultiMechanics	对先进复合材料的实效进行虚拟预测	收购	2019 年
Avatar	微集成电路设计提供布局布线的软件	收购	2019 年
Nextflow Software	计算流体力学领域的高级计算机辅助软件	收购	2021 年
Supplyframe	为电子产业提供涉及到采购全链智能平台服务	收购	2021 年
Avery	模拟 IP 验证供应商，用以扩充集成电路验证解决方案	收购	2023 年
Heliox	快速充电解决方案	收购	2024 年
NEMA MOTOR	低压交流电机	退出	2023 年
西门子能源印尼公司	能源技术供给	退出	2023 年
Innomotics	低压电机和减速电机	业务拆分	2024 年
西门子能源	能源技术供给	减持	2024 年

打造开放式创新体系，洞察新兴技术的市场先机。西门子集团主要通过与两种方式进行开放式创新，**一是**积极融入创新生态系统，西门子集团通过与企业、学校和研究机构签订双边合作协议，以及设立公共研究项目的方式，在全球 16 个研究与创新生态系统中与来自大学、研究机构以及初创企业的学者进行密切合作，调用外部人才资源为自身解决技术问题。**二是**对创新公司提供资

源支持，发挥资本优势探索技术路径，西门子集团通过全球风险投资部门与创新公司进行合作，从而获得技术路径相关的知识资源，进而预测新兴技术对于终端市场的影响，并进行布局应用以获得市场先机。

4.5.3　海柔创新发力产品技术创新，联手合作开拓场景资源

海柔创新创立于 2016 年，是全球领先的物流仓储机器人公司，致力于通过机器人技术和人工智能算法，提供高效、智能、柔性的物流仓储行业解决方案，在国内箱式仓储机器人市场市占率高达 90%以上。2023 年，海柔创新宣布转型为以箱式仓储机器人为核心的系统产品解决方案提供商，推动合作生态圈打造，持续开发应用场景。

以自研技术为核心竞争力，开发应用场景服务方案。海柔创新的创新方向分为核心技术与场景开发两个方向。**在核心技术开发方向上**，海柔创新选择通过颠覆式创新提升行业影响力，并未按照仓储自动化行业中已有的 AGV（Automated Guided Vehicle）、"货架到人"模式与 AMR（Autonomous Mobile Robot）、"订单到人"模式进行产品开发，而是选择从零开始开发了以"货箱到人"为特征的 ACR（Autonomous Case-Handling Robotic System）模式，通过完成对货箱的精准识别，用自动化解决了仓储作业流程中的最后一环，从而开辟新赛道，打造自身核心竞争力。**在场景开发方向上**，海柔创新选择根据业态场景与行业场景进行创新活动。在业态场景方面，海柔创新分别根据纸箱料箱混拣、整箱拣选以及拆零拣选三类业态场景，研发推出三套不同的系统产品。在行业场景方面，海柔创新在 2023 年积极根据不同行业的特点，设计定制化的解决方案，为 3C 行业、汽车行业以及冷库行业打造专门的解决方案。首先，海柔创新针对 3C 行业客户的拣选、搬运、自动上下料场景，研发打造 3C 行业产仓一体化解决方案，帮助 3C 行业用户实现原材料仓、电子车间、组装包装车间、成品仓库等全流程一体化的数智化升级。其次，海柔创新为汽车企业打造整车制造区域分布中心仓智能料箱立体库，并部署 HaiPick 系统仓储自动化解决方案，实现多箱规、不规则零部件的同库存储，为零部件的精细化管理

提供支持，满足车企车型迭代、产线扩展的需求。最后，针对冷库低温的业务场景，海柔创新设计了能够在−20℃环境下运行，且能够在 16 分钟内完成充电的智能机器人，并且配备海柔创新自研的多功能工作站，实现库内智能拣选、搬运，减少冷库开门次数，实现冷库的降本增效，数智升级。

另外，海柔创新还尝试在仓储行业产品标准化、规模化落地方面取得突破，海柔创新主要在两方面进行突破：首先，实现产品标准化，基于相同或相似行业用户的共性需求开发和迭代产品；其次，将产品和方案交由相应的组织去负责，实现产品推广、落地、售后流程标准化。

完善合作伙伴选择机制建设，打造合作生态推进场景开发。面对多样化的客户场景需求以及推广、占领市场的发展需求，2023 年，海柔创新实施"超级仓储计划"，计划联合全球成长型企业，为企业提供技术赋能，打造全球经销体系，通过构建合作生态，建立经销渠道，一方面通过经销商伙伴开拓市场，另一方面借助经销商伙伴对用户场景的信息，更加高效地收集、解构用户的需求，以更好地对不同行业的应用场景进行开发。**在合作伙伴选择方面**，海柔创新将专业性作为合作伙伴选择的标准，以保障对应用场景的信息收集、解构的有效性，海柔创新的合作伙伴包括从事 WMS/MES 等仓储自动化行业相关软件、公司、从事 AGV/AMR 等仓储自动化行业相关硬件公司以及为用户提供企业仓储自动化战略咨询、管理咨询、技术咨询的咨询公司，这些公司都具有贴近仓储行业、专业性较强的特点。**在保障机制建设方面**，海柔创新为渠道销售提供比直销更高的激励，同时设置了全新的渠道销售价格体系，让渠道销售相比于直销更具有价格竞争力。同时，海柔创新还对自身销售组织的职能进行再定位，由原先的销售组织全面转型为服务于合作伙伴的平台型组织，工作重心由原本对工业客户销售产品转向为促成工业客户与合作伙伴达成合作。

4.6　小结与展望

面对全球经济环境的不确定性，全球领先企业主动迎接挑战，紧贴时代脉搏与产业动态，加速融合技术创新、商业模式创新以及管理创新，以期在变革中抢占先机，引领发展方向。领先企业创新活动呈现以下特点：**一是深入挖掘技术创新的应用场景**。随着对高效研发的日益重视，领先企业不断强化共性技术的基础研究，并加速实施场景驱动的创新策略。通过精密对接技术解决方案与实际工业应用场景，领先企业着力拓宽技术应用的边界，深化技术商业化程度，持续发掘新的利润增长领域，以促进企业价值多元化拓展。**二是数字化、智能化发展进程加快**。近年来，数字技术广泛渗透至经济社会的各个领域。ICT行业企业在数字化转型上保持强劲发展势头，生物医药、能源电力、汽车、智能制造等传统领域企业纷纷加速拥抱数字化转型，大举采用人工智能、云计算、物联网等前沿科技，以此赋能产业升级，增强自身市场竞争力。**三是重视创新机制建设**。领先企业不断建立健全创新机制，以确保技术研发高效对接市场需求。一方面，加强内部研发组织体系建设，不断加大研发投入，支持研发工作高效开展；另一方面，积极与高校、科研院所以及行业伙伴合作，构建开放协同的创新生态系统，同时致力于强化技术研究与开发领域的人才培养，着力打造一支富有创新能力的专业人才队伍。

把握全球企业创新总体趋势，借鉴领先企业先进实践经验，企业主体未来需重点从以下几个方面加强创新能力建设。**一是**以构建智慧型企业为目标，着重增强在数字技术领域的研发能力，加速实现业务流程的全链条数字化转型，驱动企业绿色转型与市场竞争力提升。**二是**以提高研发投入产出效率为导向，强化基础共性技术探索，促进技术创新广泛应用于多样化的业务场景中，加速技术成果转化。**三是**建立健全创新体制机制建设，围绕产业链以及科技创新链条，建立结构清晰的研发组织体系，加强外部合作，整合创新资源，推进开放式创新，增强创新能力。

第 5 章

全球创新人才竞争态势

创新引领

智力共享

社会生产力的发展归根到底有赖于人的发展，以人才驱动科技创新，以科技创新驱动高质量发展，是培育发展新质生产力的关键。本章以人才管理"引育用留"为分析主线，参考欧洲工商管理学院《全球人才竞争力指数》、美国劳工部劳动力统计等权威信息来源，研判全球创新人才竞争大势，提炼领先企业培育创新人才的优秀经验，通过引入对比分析，系统研究中国创新人才的发展现状及主要挑战，并以适应建设新质生产力发展需求为落脚点，为国内企业提出培育创新人才队伍的优化建议。全球创新人才发展分析框架如图 5-1 所示。

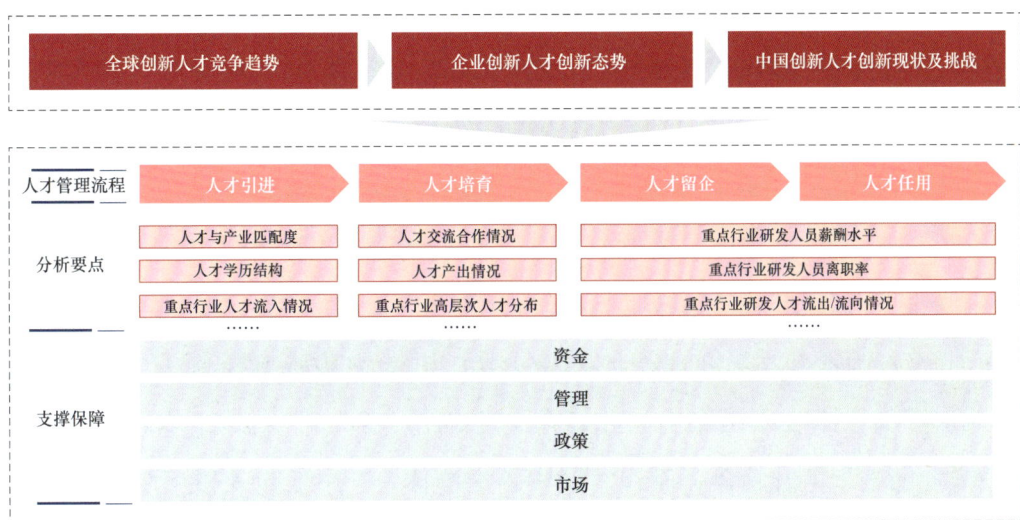

全球创新人才竞争趋势	企业创新人才创新态势	中国创新人才创新现状及挑战

人才管理流程	人才引进	人才培育	人才留企	人才任用
分析要点	人才与产业匹配度	人才交流合作情况	重点行业研发人员薪酬水平	
	人才学历结构	人才产出情况	重点行业研发人员离职率	
	重点行业人才流入情况	重点行业高层次人才分布	重点行业研发人才流出/流向情况	
	……	……	……	
支撑保障	资金			
	管理			
	政策			
	市场			

图 5-1　全球创新人才发展分析框架

根据欧洲工商管理学院《全球人才竞争力指数》中的定义，创新活动需要两类创新人才共同参与，**一类**是专业技能型人才，掌握技术技能，通过职业培训或者经验积累获得专业基础技能；**另一类**是通用管理型人才，掌握全球知识技能，从事管理或领导工作，这两类人才相互协同合作，共同推动创新活动、创业活动以及高价值产业发展。

5.1　全球创新人才竞争格局

在全球加码前沿领域布局的背景下，创新人才成为前沿领域发展的关键影响因素之一。本节根据《全球人才竞争力指数》发展报告，从各经济体收入差异、国家等视角，对全球创新人才竞争的总体情况进行梳理，再根据分项得分情况，分析各个国家、经济体在创新人才管理"引育用留"环节的竞争位势变化。

5.1.1　疫情后全球创新人才竞争力增长趋势出现分化，强者愈强的局面凸显

疫情后中低收入以下国家的创新人才竞争力出现下滑，与中高收入以上国家差距进一步拉大。经济收入水平是影响人才竞争力发展的重要因素，将国家按照收入水平进行划分，对疫情前（2019 年）和疫情后（2023 年）的人才竞争力进行分析。2023 年，全球人才竞争力指数平均得分为 45.1，相较于 2019年提升了 1.7 分；高收入国家人才竞争力得分为 61.9 分，相较于 2019 年提升了 2.7 分，中高收入国家人才竞争力得分为 43.5 分，相较于 2019 年提升了 4.6分。然而，中低收入国家人才竞争力得分为 32 分，相较于 2019 年下降了 0.1分；低收入国家人才竞争力得分为 22.9 分，相较于 2019 年下降了 1.8 分，高收入国家与中高收入国家的人才竞争力平均得分都高于全球平均水平（45.1分），且仍处于上升趋势，而在发展中国家群体中，中低收入以下的国家人才竞争力不仅远低于全球平均水平，且仍处于下降趋势，全球创新人才竞争力发展呈现出明显的强者愈强、弱者愈弱的趋势。2019 年和 2023 年不同收入组的国家的创新人才竞争力得分如图 5-2 所示。

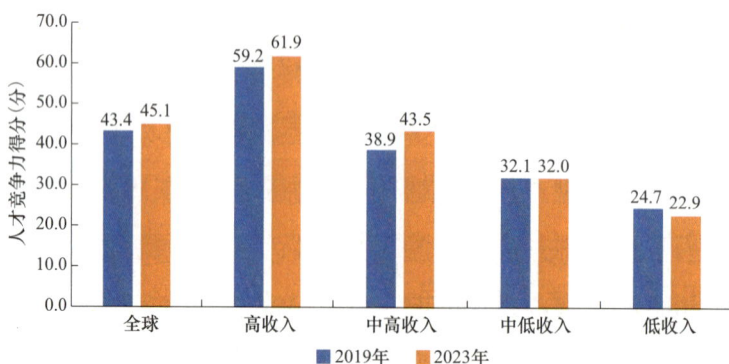

图 5-2　2019 年和 2023 年不同收入组的国家的创新人才竞争力得分

发达国家和发展中国家创新人才竞争力存在巨大差距，疫情后发达国家仍
持续维持创新人才优势。2023 年，发达国家的人才竞争力平均得分为 68.1，提
升了 2.1 分；发展中国家的人才竞争力平均得分为 43.5，提升了 3.4 分。虽然
发展中国家在人才竞争力方面正加速追赶，与发达国家的差距缩小至 24.6 分，
然而发展中国家的人才竞争力的劣势依旧明显，人才竞争力平均得分低于全球
平均水平（45.1 分）。2019 年和 2023 年全球不同区域创新人才竞争力得分如图
5-3 所示。

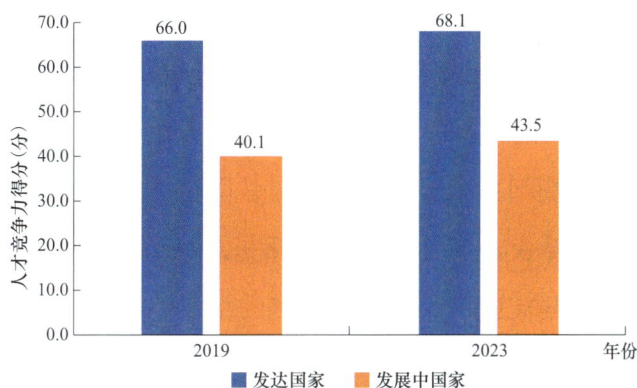

图 5-3　2019 年和 2023 年全球不同区域创新人才竞争力得分

疫情后发达和发展中国家内部创新人才竞争力同样出现分化现象。为了进
一步探索发达国家与发展中国家人才竞争力的变化，报告选择美国、加拿大、
德国、英国、法国、意大利与日本作为发达国家分析样本，选择中国、印度、
俄罗斯、巴西以及南非作为发展中国家代表进行探索。数据表明，相比于 2019
年，发达国家中，日本与法国得分提升超过了 5 分，美国、加拿大与德国的人
才竞争力得分略微降低，而意大利下降了 3.5 分。发展中国家中，中国、俄罗
斯、巴西以及南非的人才竞争力得分提升都超过了 5 分，而印度的人才竞争力
得分下降超过 5 分，表明疫情前后类似发展水平国家的人才竞争力增长趋势也
出现了明显分化，需对影响人才竞争力的相关指标做进一步探索。部分发达国
家与发展中国家创新人才竞争力得分变化（2023 年得分－2019 年得分）如图
5-4 所示。

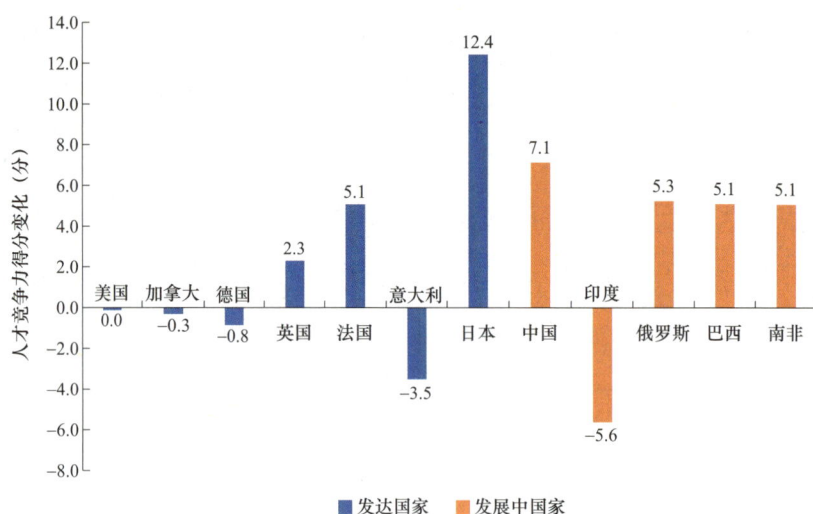

图 5-4　部分发达国家与发展中国家创新人才竞争力得分变化

（2023 年得分—2019 年得分）

5.1.2　疫情后发达国家的创新人才引入与培育优势扩大，发展中国家的创新人才保留工作成效显著

　　疫情后发达国家与发展中国家在创新人才引入、创新人才培育和创新人才使用方面的差距继续扩大，在创新人才保留方面的差距得以缩小。根据《全球人才竞争力指数》的数据，2023 年发达国家与发展中国家在人才引入指标上的得分分别提升到 68.2 分与 43.2 分，发达国家与发展中国家在人才引入指标的得分差距扩大至 25 分，相较于 2019 年差距扩大了 4.3 分。在人才培育指标得分上，2023 年发达国家在人才培育指标方面得分为 70 分，而发展中国家在人才培育方面得分为 44.1 分，双方差距拉到至 25.9 分，相较于 2019 年差距扩大了 3.1 分。在人才使用指标上，2023 年发达国家人才使用指标得分为 73.2 分，发展中国家得分为 45.8 分，双方差距扩大至 27.5 分，相较于 2019 年差距扩大了 0.9 分。在人才保留指标上，发达国家与发展中国家的得分是 82 分与 54.4 分，与 2019 年相比，分别提高了 4.3 分与 11.3 分，双方差距缩小到 27.6 分，相较于 2019 年差距缩小了 7 分。为了进一步分析原因，本次报告选用一级维度下常用的二级指标作为具体指标进行分析。2023 年发达国家与发展中国家引育用

留指标得分如图 5-5 所示。2019 年和 2023 年发达国家与发展中国家在引育用留指标上的得分差距（发达国家得分－发展中国家得分）如图 5-6 所示。

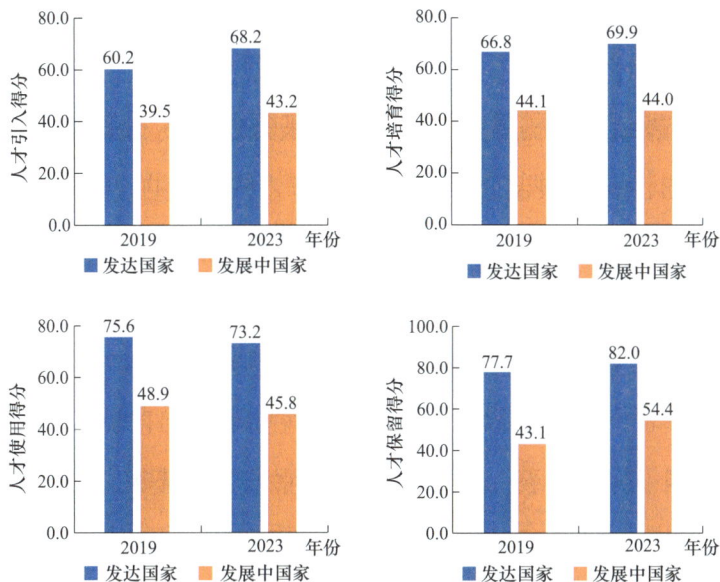

图 5-5　2023 年发达国家与发展中国家引育用留指标得分

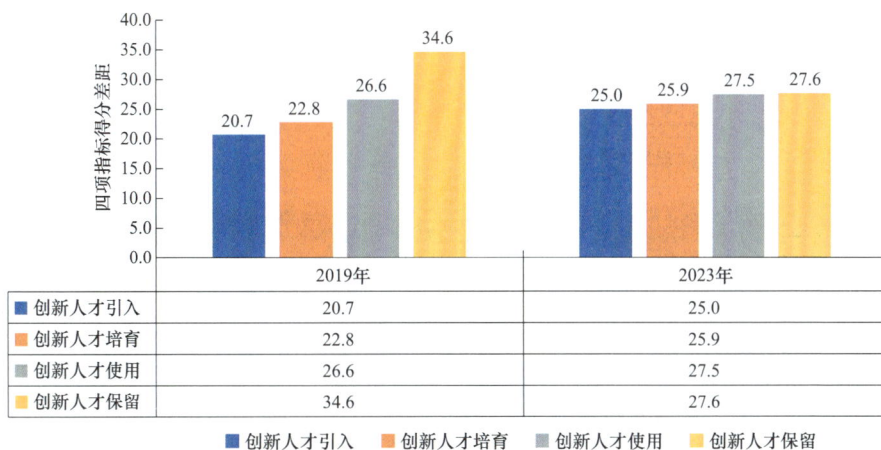

	2019年	2023年
创新人才引入	20.7	25.0
创新人才培育	22.8	25.9
创新人才使用	26.6	27.5
创新人才保留	34.6	27.6

图 5-6　2019 年和 2023 年发达国家与发展中国家在引育用留指标上的得分差距

（发达国家得分—发展中国家得分）

在创新人才引入方面，发展中国家全面落后发达国家，国际创新人才引入力度明显不足，创新人才实现阶级跨越机会较少。二级指标包括国际学生、国外人才吸引力、阶级流动性三项指标。发达国家与发展中国家这三项指标的差距分别为 31.3、21.7 分、26.7 分，其中发达国家在国际学生指标上的得分是发展中国家的 6 倍。从部分发展中国家数据上看，印度的表现最为差劲，这三项指标的得分仅有 0.1、28.2、19.5 分，而中国在国外人才吸引力指标上超过了发达国家，达到了 84.4 分，但国际学生指标上的得分也仅为 1.2 分，远低于发达国家平均水平。发达国家与发展中国家在创新人才引入相关指标方面得分如图 5-7 所示。部分发展中国家在"创新人才引入"相关指标的得分如图 5-8 所示。

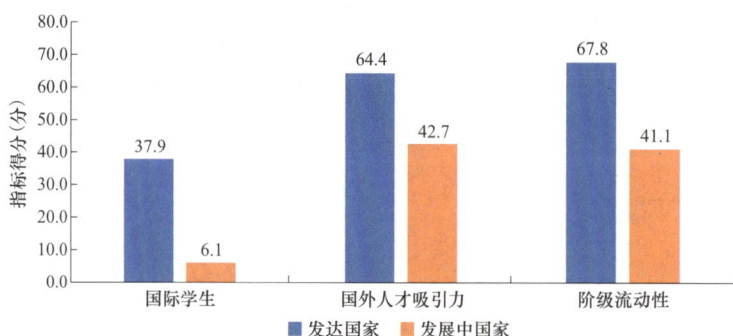

图 5-7　发达国家与发展中国家在创新人才引入相关指标方面得分

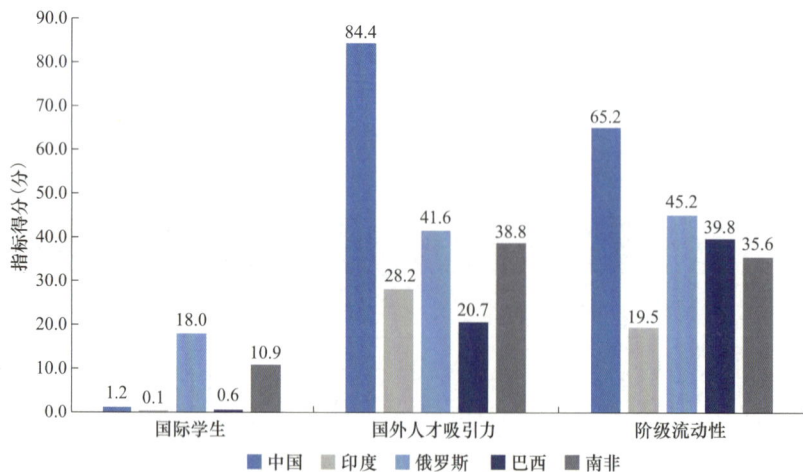

图 5-8　部分发展中国家在"创新人才引入"相关指标的得分

在创新人才培育方面，发展中国家全面落后发达国家，在职业技术人才培养和高水平大学建设方面差距尤甚。二级指标包括职业培训入学率、高等教育入学率、大学排名、员工发展以及权力下放五项指标。发达国家与发展中国家在这五项指标的差距分别为 14.9、14.1、27.8、16.6、15.8 分，其中发达国家在职业培训入学率指标上的得分接近发展中国家的 2 倍，在大学排名指标上的得分与发展中国家的得分差距最大。从部分发展中国家的数据上看，印度的表现较为差劲，五项指标得分分别为 5.1、20.5、48.2、33.7、19.7 分，而中国在大学排名指标与员工发展指标上超过了发达国家，分别达到了 88.8、80.8 分，俄罗斯在高等教育入学率指标超过了发达国家，达到了 56.9 分。发达国家与发展中国家在创新人才培育相关指标的得分如图 5-9 所示。部分发展中国家在"创新人才培育"相关指标的得分如图 5-10 所示。

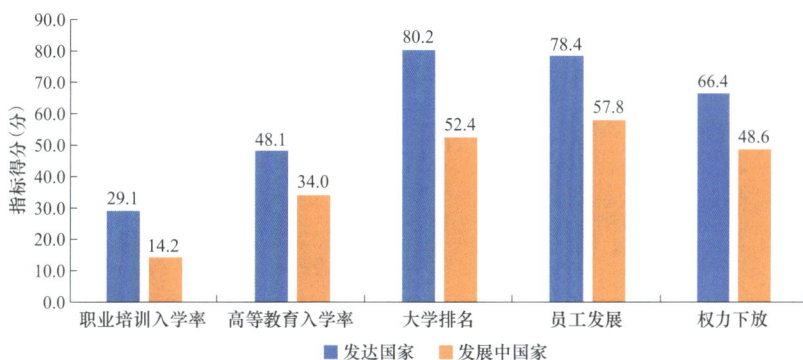

图 5-9　发达国家与发展中国家在创新人才培育相关指标的得分

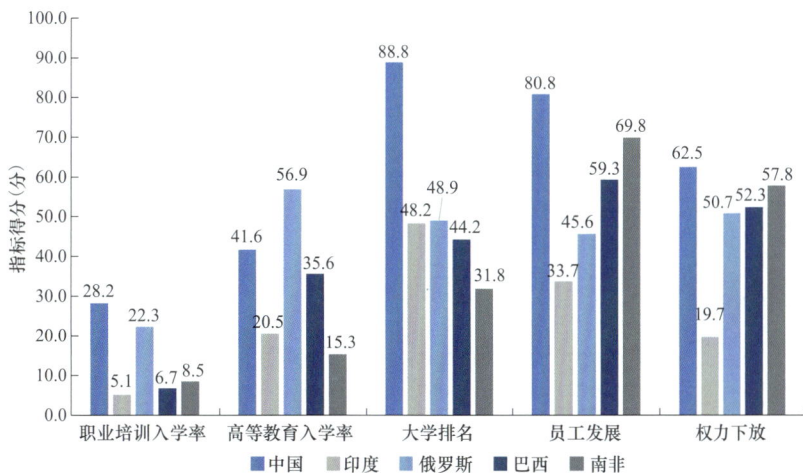

图 5-10　部分发展中国家在"创新人才培育"相关指标的得分

在创新人才使用方面，发展中国家并未建立充分发挥人才潜能的资源、产业和管理环境。值得注意的是，创新人才使用指标是发展中国家唯一出现显著下滑的一级指标，其二级指标包括集群发展、研发支出、专业化管理以及薪酬合理程度四项指标。发展中国家与发达国家在四项指标上的得分分别是26.9、23.5、19.2、9.8分，集群发展指标、研发支出指标和专业化管理指标的得分差距较为显著，发达国家的研发支出指标得分超过了发展中国家得分的2倍。从部分发展中国家的数据上看，相比于2019年，中国、印度、俄罗斯、巴西和南非在研发支出指标上的得分下滑，分别为−4.5、−2.3、−5.3、−8.1分和−7.2分，印度、巴西、南非在集群发展指标上得分下滑，分别为−27.7、−0.2、−11.2分，同时，印度在专业化管理与薪酬合理程度两项指标上的得分也出现了下滑，分别为−16.1、−10.7分。2023年发达国家与发展中国家在创新人才使用相关指标的得分如图5-11所示。部分发展中国家在"创新人才使用"相关指标的得分变化（2023年得分−2019年得分）如图5-12所示。

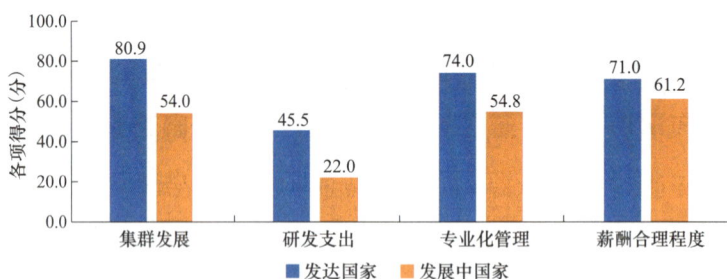

图5-11　2023年发达国家与发展中国家在创新人才使用相关指标的得分

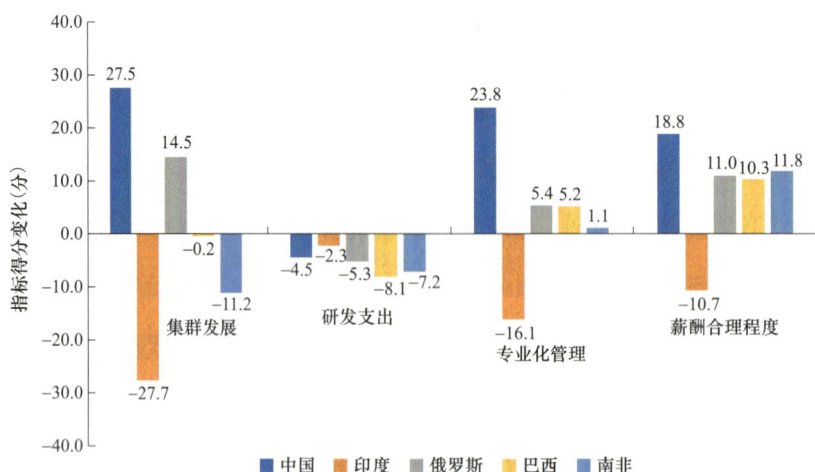

图5-12　部分发展中国家在"创新人才使用"相关指标的得分变化

（2023年得分−2019年得分）

在创新人才保留方面，发展中国家通过完善社会保障体系缩小与发达国家的差距。二级指标包括社会保障、顶尖人才保留程度、医生密度三项指标。发达国家与发展中国家在三项指标上的差距分别为 21.1、16.1、22.7 分，其中社会保障指标得分差距相比于 2019 年缩小了 7 分。从部分发展中国家的数据上看，相比于 2019 年，中国、俄罗斯、巴西在社会保障指标上的得分分别提升了 19.1、30.2、15.3 分，得分平均提升了 11.5 分，中国与巴西在医生密度指标上得分也获得了提升，分别为 8.6、4.0 分。发达国家与发展中国家在创新人才保留相关指标的得分如图 5-13 所示。部分发展中国家在"创新人才保留"相关指标的得分变化（2023 年得分－2019 年得分）如图 5-14 所示。

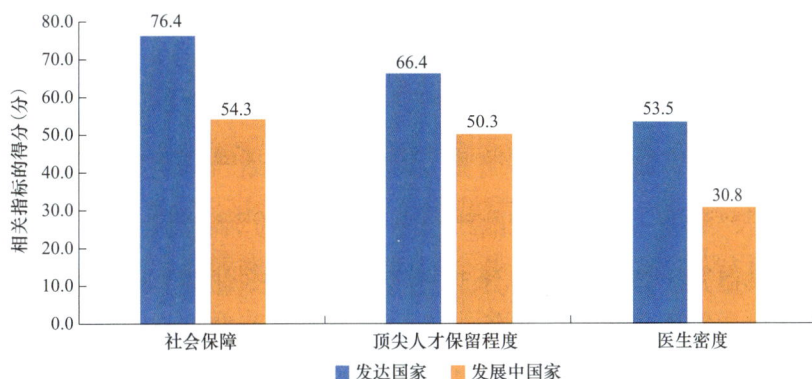

图 5-13　发达国家与发展中国家在创新人才保留相关指标的得分

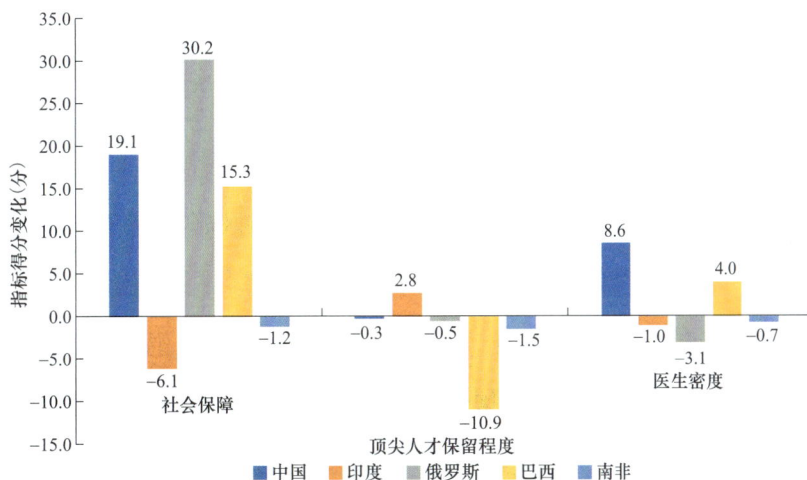

图 5-14　部分发展中国家在"创新人才保留"相关指标的得分变化

（2023 年得分－2019 年得分）

5.2 全球领先企业创新人才管理实践

创新人才作为创新活动的实际执行者，其拥有的生产资料对于创新活动的重要性愈发受到领先企业的重视，打造创新人才队伍，构建优势人力资本成为领先企业支撑企业发展、战略实施的重要管理主题。在此背景下，本节围绕创新人才管理"引育用留"等环节，基于企业年报、ESG 报告等信息渠道，对领先企业在构建创新人才队伍过程中的优秀做法进行梳理分析，总结提炼领先企业构建创新人才队伍环节的先进经验。

5.2.1 系统性建设创新人才引入机制，构建梯度创新人才队伍

在创新人才引入方面，世界领先企业根据对"战略科学家""科学领军人才""成果转化专家"以及"技能型人才"的需求，分别建立对应的人才引入机制，系统性与外部资源建立连接，持续为企业提供战略人力资源。

在战略科学家引进方面，领先企业采取高薪、前瞻性以及不设限的策略进行创新人才引进。 企业根据自身的技术发展路线，对该技术路线上的人才进行招引，并且不断将该领域的年轻人才招引进公司，不断提高战略科学家出现在本企业的概率，例如，华为坚持天才少年和高端精英的持续引入，对于符合技术路线的科学家，华为通过招引、在当地为科学家专门设置研发中心的方式，将科学家招引到华为之中，赋能华为技术发展。

在科技领军型人才引进方面，领先企业通常通过与学术机构、科研机构的人才合作，在达成合作的前提下，寻求将领军人才招引进入企业的机会。 例如，阿里巴巴集团通过"双聘双引"的人才交流共享机制，与浙江大学、国内外高校院所实行人才联合引进；宝马集团设计"晋升"博士项目，打造与顶尖人才的合作机制，通过与顶尖人才合作撰写博士论文，借用顶尖人才的力量解决宝马集团的实际研发需求。

在成果转化专家引进方面，领先企业通过内部招聘或者外部收购两种方

式达成此类人才的引入。一是运用内部招聘进行内部员工的潜力发掘，帮助职业中期的员工实现自身能力的转型，例如，丰田在 2023 年全面实施内部招聘制度，将职业中期招聘的比例提高到 50%，将招聘范围拓展到内部员工，并且丰田为员工提供职业咨询服务与建立培训体系，帮助员工从技术研究向成果转化工作快速转变，以此实现内部潜力的挖掘。**二是通过收购外部企业获得有能力的人才**，并推动与内部员工的交流，以此对企业员工能力进行补充，支撑新业务场景或新技术应用的拓展，例如，日立集团在推动业务数字化变革的过程中，通过收购 GlobalLogic 公司，并且持续推动双方工程师交流，包括推动 GlobalLogic 与 Lumada 创新部的专家在创新中心的交流以及日立能源与 GlobalLogic 建立合作项目，以此打造日立集团的数字化应用服务能力。

在技能型人才引入方面，领先企业采用校企合作建立学徒制的方式，储备培养高技能人才。领先企业与技术类学校建立合作关系，由企业为学员提供工程师作为导师对员工进行辅导，并且支付薪水，当学徒技能通过考核后，获得进入企业的工作岗位，通过持续增高的学徒转化率解决技术工人短缺的问题。截止 2023 年，宝马集团在全球 20 个培训地点和分支结构建立了 30 个学徒项目，为学徒在宝马集团的职业生涯做铺垫，并且已经将该模式在中国进行推广，宝马集团连续几年与四川工程职业技术学院合作，推动西门子现代学徒制班，为集团储备技术型人才；意昂集团推出意昂国际研究生计划（EIGP），将对象扩展到大学生群体，在不同的国家里招收学生进行客户解决方案、数字化、金融和能源网络的专业化培训，并且 92% 的培训参与者都获得了意昂集团的雇佣合同。

5.2.2　推动培育体系实践探索，做深企业内外部创新人才池

为了实现企业创新人才梯队的持续优化，领先企业对内部人才与外部人才分别设置了不同的培训体系，围绕人才入职前到入职后的全周期设计培训计划。

对于外部创新人才，领先企业通过校企联合、政企联合的方式，打造本土化创新人才库。一方面优化区域人才供应，另一方面通过本土化人才打造为当地相关产业的发展提供人才资源，便于本土化产业链、供应链的打造。例如，**华为**持续通过赞助各类高校人才、举办竞赛项目等方式，推出沃土云创（高校）计划、鸿蒙百校种子计划、产学育人基地计划和人才加速发展计划，促进本地人才的发展，推动本地专业能力提升，搭建本土化人才队伍。

对于内部创新人才，领先企业搭建"规划—培养—评估—运营"的人才发展服务体系，对员工能力与组织角色持续追踪检查，打造线上线下学习平台，为员工提供训战结合的机会，持续提升员工创新能力。例如，**丰田集团**为了实现自身向移动出行方案公司的转型，持续推动培训体系建立，以实现员工"招聘入岗-岗位再部署-学习新技能"的循环，丰田通过新成立部门，整合所有软件开发以及相关的业务，并且加强推进关于智慧出行与智慧城市相结合的项目——"编织之城"，持续为员工提供业务训练场景，持续从内部挖掘人才；**日立集团**致力于建立数字化人才的能力评估模型，并且根据员工的层次设计了不同的数字能力培育体系，对于只需数字化基础技能的员工，日立集团提供日立学院的线上学习平台，进行基础的数字化相关知识学习，对于前端开展数字化项目的员工，日立集团为项目成员提供日立学院的训练课程，而后让项目成员加入数字化项目中积累经验，由项目领导为项目成员提供训练，项目成员在项目实战中积累经验，成为数字化专家，逐步成为数字化人才；**南方电网**通过建立公司全员岗位练兵比赛竞赛工作机制，优化技能竞赛体系，再与内部打造"师带徒"的传帮带体系相结合，以此推动内部人才的技能发展、赋能计划，支撑建设专业技术专家、技能专家等各类工程技术人才梯队。日立集团员工数字化和技能培训体系如图 5-15 所示。

5.2.3　提升管理型人才领导能力，打造良好用工环境

在管理型人才建设方面，领先企业通过强化管理型人才领导能力建设，保证管理层决策的合理性和科学性，着力为员工职业发展提供有力支持。在机制

建设方面，领先企业通过强化人才资源配置、完善激励机制，为人才提供广阔的发展空间，激励人才创新的内生动力。

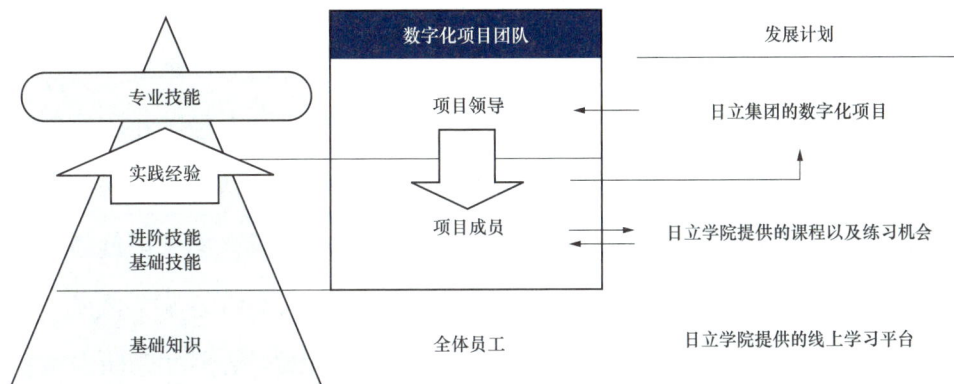

| 数字化项目团队 | | 发展计划 |

专业技能

实践经验

进阶技能
基础技能

基础知识

项目领导 ← 日立集团的数字化项目

项目成员 ← 日立学院提供的课程以及练习机会

全体员工　　日立学院提供的线上学习平台

图 5-15　日立集团员工数字化和技能培训体系

在管理型人才能力建设方面，领先企业通过保证管理层管理能力的专业性，以确保管理层能够以正确、合适的方式开展协同赋能。例如，**阿斯利康**通过对考核机制的改革，取消以绩效排名为核心的考核方式，将培训任务、组织发展任务作为考核指标加入管理层的考核体系当中，引导管理层注重在业务开展过程中，平台、团队、管理层自身与员工进行协同赋能；**丰田集团**加强对管理岗位人员的培训，以保证管理层能够公平公正、有效对员工的表现进行评估并提供及时的反馈，丰田集团会安排审计部门对管理人员进行绩效评估审计，确保管理人员能够专业的对员工进行管理，有效地引导人才进入企业创新活动；**日立集团**通过建立董事会成员能力模型，同时确保董事会成员来自不同的行业领域，保证顶层决策的专业性，保障公司顶层拥有为人才打造发挥环境的能力。

在机制建设方面，领先企业主要通过员工任用机制建设与激励机制，保证企业能够"用对创新人才"以及"用好创新人才"。一是完善人才任用机制建设，争取将合适的人放在合适的位置上，例如**南方电网**建立了统筹调配使用人才的管理机制，通过岗位竞聘、任职交流、定向培养等方式为人才提供发挥才能的岗位，同时，南方电网公司还通过在科技项目立项上探索"揭榜挂帅"和

"赛马"等制度，以创新不问出身、选拔不论资历的原则，为人才提供广阔的舞台和发展空间；**丰田集团**从 2019 年开始建立员工档案，对员工的能力、表现、发展意愿进行追踪，并且管理层为员工提供职业规划咨询服务，根据员工的意愿与表现进行岗位分配，并且将员工在心仪岗位上的工作表现作为员工的奖金的评价标准，为员工提供合适的场景与管理赋能，助力员工在相关岗位上蜕变为技术型人才。**二是持续完善激励机制，激发人才的内生动力，创新行为与创新人员的动机息息相关，激励机制能够引导人才将精力集中在创新活动方面，推动企业的创新发展。例如高通集团通过对研发人员进行奖金激励，通过物质激励引导创新行为，2023 年，高通集团增加约 1.24 亿美元的研发支出，用以对研发人员进行激励活动。

5.2.4　关注个人与企业发展的一致性，推动与创新人才建立长期留用合作关系

领先企业强调与创新人才的共同成长，关注与创新人才的交互，对创新人才的心理健康、个人发展与企业发展的一致性认知进行机制设计，以此确保创新人才的工作满意度，培育创新人才与企业长期合作的意愿，近年来，员工流失率、员工工作满意度以及员工对于企业发展的参与程度是领先企业关注的重要指标。

在心理健康方面，领先企业关注员工的心理健康并且设立机构帮助员工提升表现，同时从员工的工作与生活的平衡、与职业规划方面为员工进行赋能。例如，**丰田集团**建立了以提升员工心理健康为核心的管理模型，建立了心理健康检测机制对员工的心理健康进行匿名的检查，将员工的真实感受发送到管理层，管理层对相关问题进行调查并且采取改进政策，改进后再次通过调查，持续推动公司政策的改进。同时，丰田集团对所有主管进行强制性的群体心理教育，目的是为了防止管理层出现伤害员工心理健康的行为以及推动管理人员采取提升员工心理健康的行为，此外，所有的员工都能够接受丰田集团提供的心理教育培训，鼓励他们重视自身的心理健康，帮助他们自己与他人提升心理健康。最后，丰田集团加强打造平衡员工的工作与家庭的制度，丰

田计划为员工增加除育儿假之外的伴侣假，让员工能够更好地享受生活，推动职业生涯与个人生活的结合。丰田集团通过这种方式，逐步将企业发展融入创新人才的生活中，让创新人才形成对丰田集团的归属感，激活创新人才的工作动力。丰田集团的员工心理健康管理模型如图 5-16 所示。

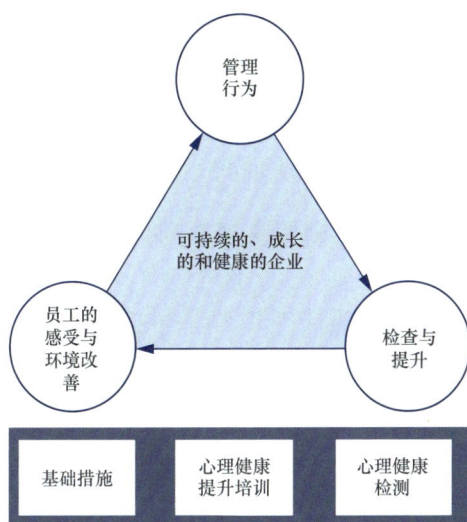

图 5-16　丰田集团的员工心理健康管理模型

在双方发展一致性方面，领先企业帮助员工梳理发展动力以及推动员工发展，实现企业发展与员工个人发展的相互成就，以此加强员工的黏性。 例如，**阿斯利康** 强调团队文化与学习文化的制度建设，一方面，阿斯利康将公司发展与个人发展方向的一致性以及公司发展方向的正确性作为员工每年的调查指标，以此对企业的发展行为进行审查；另一方面，阿斯利康要求经理每年至少要与员工进行超过一次的关于职业生涯的讨论，并且为员工提供职业规划咨询，帮助员工找到发展的方向，由此推动创新人才的发展与阿斯利康的发展相互承接，实现共赢。**英伟达** 为与企业创新人才的交流设计内部意见箱与匿名第三方平台这两种方式，通过匿名第三方平台，英伟达了解创新人才工作体验、个人发展想法，以此对创新人才整体的情绪与参与程度进行评估，再通过内部建议箱，收集创新人才对于企业发展的建议以及技术路线的想法，英伟达将两者相互结合推动公司管理的变革，一方面优化创新人才的工作环境；另一方面提高创新人才的参与感，加强创新人才与企业的绑定。

5.3　中国创新人才队伍建设现状及挑战

创新人才是实现民族振兴、赢得国际竞争主动的战略资源，是衡量一个国家综合国力的重要指标，劳动者队伍的素质对培育发展新质生产力具有至关重要的作用。本节主要通过量化分析的方式，从规模、区域以及结构三个角度对当前我国创新人才队伍建设的总体情况进行梳理，并通过中美创新人才量化对比，探索当前中国新型创新人才建设面临的挑战。

5.3.1　中国创新人才队伍建设现状

中国始终重视创新人才队伍建设。当今世界，围绕前沿技术发展、发展新产业以及占领科技制高点展开的人才竞争不断加剧，2021 年，习近平总书记在中央人才工作会议上提出，要深入实施新时代人才强国战略，加快建设世界重要人才中心和创新高地，为 2035 年基本实现社会主义现代化提供人才支撑，为全面建成社会主义现代化强国打好人才基础。

中国的研发人员规模始终保持高速增长，企业与高校是研发人员发展的主要推动力量。根据《中国科技统计年鉴》的数据，2022 年，我国研发人员规模达到 940.1 万人，相较于 2018 年的数量提升了 43%，其中企业与高校是研发人员规模增长的主要动力，2022 年企业研发人员规模为 712.2 万人，相较于 2018 年提升 45.3%，高校研发人员规模为 151.9 万，相较于 2018 年提升54.3%。2018—2022 年中国研发人员规模如图 5-17 所示。

东部地区人才聚集优势突出，中部加速打造人才高地。2022 年，东部地区研发人员规模为 590.1 万人，相较于 2018 年研发人员规模增长了 40.2%，2018—2022 年间东部研发人员规模占全国研发人员比例始终保持在 60%以上，中部地区研发人员规模为 181.5 万，相较于 2018 年研发人员规模增长了 53.9%，增速全国第一，人员规模占比达到 19.3%，相较于 2018 年提升了 1.4%。2018—2022 年我国各地区研发人员规模占比如图 5-18 所示。

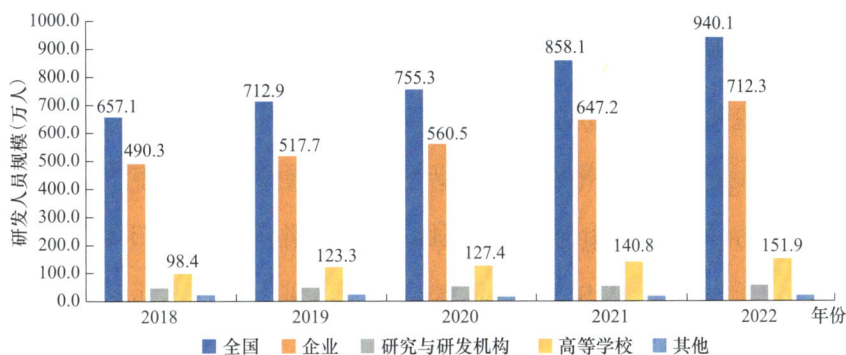

图 5-17 2018—2022 年中国研发人员规模

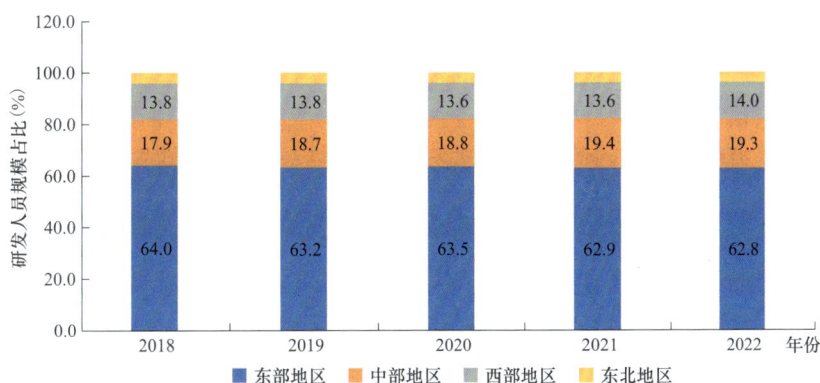

图 5-18 2018—2022 年我国各地区研发人员规模占比

中国大力推动博士等高学历人才队伍建设，培育国家创新人才预备队。根据《中国科技统计年鉴》的数据，中国研究生招生规模在不断增加，2022 年，研究生招生规模为 124.2 万，相比于 2018 年规模提升了 44.8%。其中，博士的毕业规模增速从 2019 年开始不断提速，2022 年博士毕业规模同比增速为 14.3%，首次达到两位数，并且，2022 年博士生的招生规模同比增速为 10.4%，接近硕士招生增速的两倍，说明中国加大高学历人才队伍建设力度，高学历人才供给开始提速。2018—2022 年研究生招生规模如图 5-19 所示。2019—2022 年博士与硕士毕业与招生规模同比增速如图 5-20 所示。

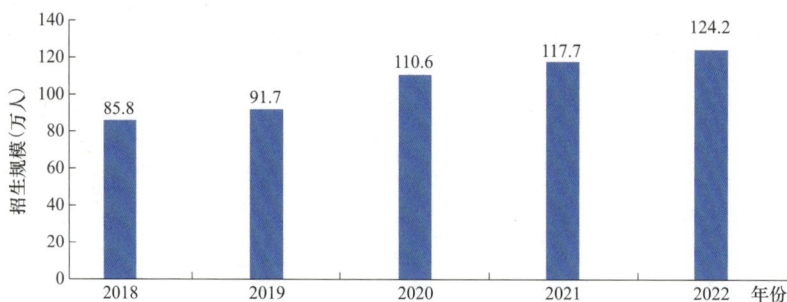

图 5-19　2018—2022 年研究生招生规模

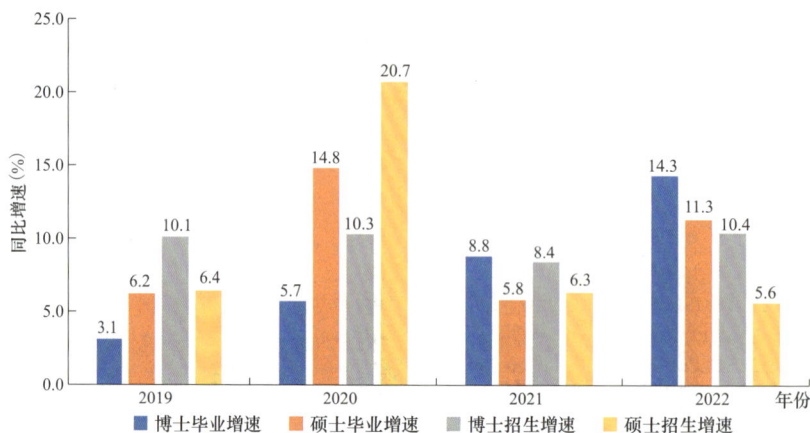

图 5-20　2019—2022 年博士与硕士毕业与招生规模同比增速

　　中国高层次人才潜能正在逐渐释放，在学术成果产出以及专利产出两方面逐步缩小与美国的差距。在学术成果产出方面，根据阿里研究院发布的《2023全球数字科技发展研究报告—全球科研实力对比》的数据表明，中国数据科技论文已经完成对美国"量"与"质"的赶超，2019 年中国论文发表数量为 71 590篇，超过了美国的 67 752 篇；同时，在 2020 年，中国的被引量 TOP1%论文的数量为 1278 篇，超过了美国的 1084 篇，并且在此后双方差距逐步拉大。在专利产出方面，根据专利分析公司 Harrity 发布的 Top Inventors List 2023 榜单的数据显示，2023 年，获得美国实用专利数量前 100 人的名单中，美国在实用专利转化方面依旧占据优势地位，共 58 人，其中新晋[1]人数为 14 人，而中国高层次人才在专利转化方面的潜能正在快速释放，榜单中共有 26 名中国人，其

---

❶　新晋人员定义为 2019 年-2022 年没有登上榜单的人。

中新晋人数为 17 人，高于美国的 14 人，从新晋人数的行业分布来看，中国属于先进制造行业的共有 6 人，属于信息技术行业的为 11 人，而美国属于先进制造行业的共有 1 人，属于信息技术行业的为 12 人，说明中国在信息技术领域的高层次人才培育潜力释放已经逐步追上美国，而在先进制造领域，中国的高层次人才培育潜力已经对美国形成了优势。2017—2021 年中美发表论文数量与被引量 TOP1% 论文数量如图 5-21 所示。

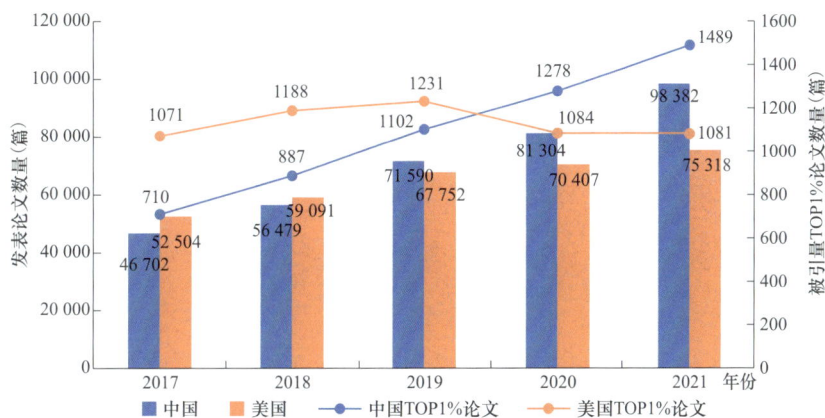

图 5-21　2017—2021 年中美发表论文数量与被引量 TOP1% 论文数量[1]

5.3.2　中国创新人才供给与产业发展结构性矛盾突出

在我国发力建设现代化产业体系，大力发展新质生产力的背景下，需要为战略性新兴产业发展提供人力支撑，及时为相关行业提供创新人才，当前，我国亟需解决创新人才供给的结构矛盾。

中国新一代信息技术、高端装备制造业等部分战略性新兴产业的人才供给紧张。根据猎聘发布的《猎聘季度招聘调研报告 2024 年第 1 季度》的数据显示，2023 年，全行业人才紧缺指数[2]为 0.83，全行业的人才供给处于供大于求的状态，中国人才重点流向互联网、房地产/建筑、能源/化工/环保、机械/制造、汽车、医疗健康、金融、消费品、电子/通信/半导体以及专业服务这 10 个行业，

---

[1] 数据来源：阿里研究院《2023 全球数字科技发展研究报告—全球科研实力对比》。
[2] 人才紧缺指数是衡量企业招聘难度的指标，指数大于 1，表示人才供不应求；指数小于 1，表示人才供大于求。

其中专业服务、电子/通信/半导体、科研技术/商务服务以及机械/制造行业的人才紧缺指数都高于 1，仅 20.5%的人才流向相关行业，而流向互联网、房地产行业的人才占比达到 25.7%，表明属于战略性新兴产业的相关服务业、新一代信息技术、高端装备制造业的创新人才供应不足。作为对比，根据美国劳工部的数据显示，2023 年，美国所有产业的人才供给处于相对饱和状态，美国所有行业的职位空缺数均同比下降约 182.4 万，其中耐用品制造业[1]岗位空缺数量下降 13.6 万人，专业服务行业岗位数量降低 49.1 万人，流向先进制造、汽车、电子/通信/半导体这些行业的人员占比为 2.2%。说明相比于美国创新人才供给的相对充足，我国创新人才供给与产业发展需求的结构性矛盾凸显，相关行业的创新人才处于供求紧张的状态，亟需加强相关行业的人才引进。2023 年人才紧缺指数最高的 10 个行业如图 5-22 所示。2023 年重点行业中美人才流入对比如图 5-23 所示。

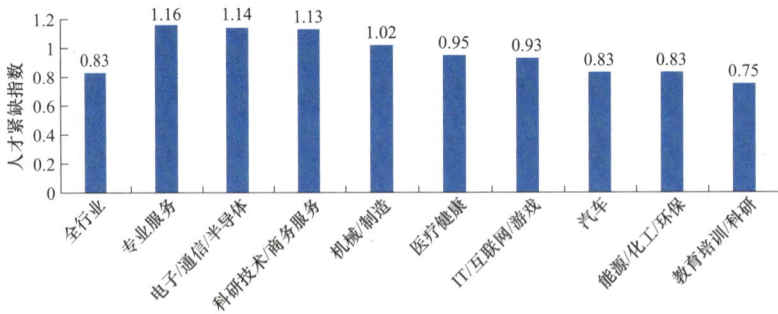

图 5-22　2023 年人才紧缺指数最高的 10 个行业

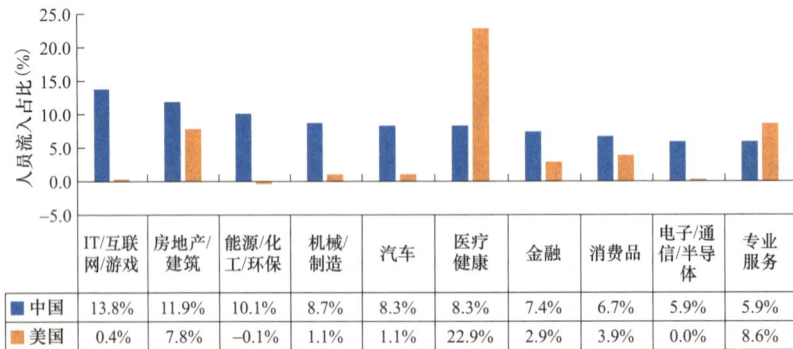

	IT/互联网/游戏	房地产/建筑	能源/化工/环保	机械/制造	汽车	医疗健康	金融	消费品	电子/通信/半导体	专业服务
中国	13.8%	11.9%	10.1%	8.7%	8.3%	8.3%	7.4%	6.7%	5.9%	5.9%
美国	0.4%	7.8%	−0.1%	1.1%	1.1%	22.9%	2.9%	3.9%	0.0%	8.6%

图 5-23　2023 年重点行业中美人才流入对比

---

[1]　美国耐用品制造业包含电子通信设备、半导体和电子元件以及电子仪器在内的高端装备制造业。

中国研发人员结构中高学历人才比例偏低。根据《中国科技统计年鉴》的数据表明，2021 年❶，中国研发人员中本科及以上学历的人占比为 62.6%，相较于 2018 年下滑了 1.1%。作为对比，根据美国国家科学基金会《科学与工程现状分析》的数据，2023 年，从事科学与工程职位以及与科学与工程相关的职位的员工中，拥有学士学位或更高学历的占比为 68.7%。这些数据说明我国研发人员中本科以上学历占比在逐年下滑，为研发工作提供的高学历人才资源支撑不足。2018—2021 年中国研发人员本科以上学历占比如图 5-24 所示。

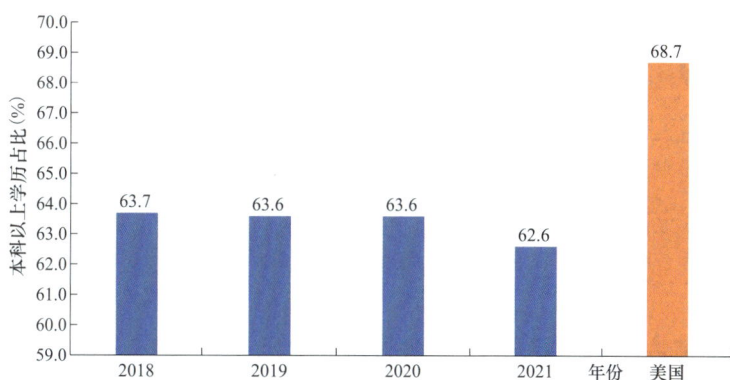

图 5-24　2018—2021 年中国研发人员本科以上学历占比

5.3.3　中国创新人才培育空间与才能发挥空间受限

中国对外学术交流相对不活跃，创新人才获得外部培育机会较少。根据数据服务公司 Clarivate（科睿唯安）发布的《2023 中国国际科研合作现状报告》的数据，在 2018—2022 年间，我国国际科研合作中心度得分为 5.7 分，位于第四，相比于前一阶段提升了 1.6 分，而美国在 2018—2022 年间科研合作中心度得分为 11.1，相比于前一阶段下降了 1.1 分，中国与美国的科研合作中心度得分差距缩小了 2.7 分，但美国的得分接近中国的 2 倍，说明我国目前国际学术交流活跃程度还有很大的提升空间，应当持续推动国际学术交流，带领创新人

---

❶　由于《中国科技统计年鉴 2023 年》并未对研发人员的学历结构进行统计，因此采用 2021 年的数据。

才吸收国际理念，去芜存菁，以此推动创新人才培育工作。国际学术交流活跃度前十的国家国际科研合作中心度变化如图 5-25 所示。

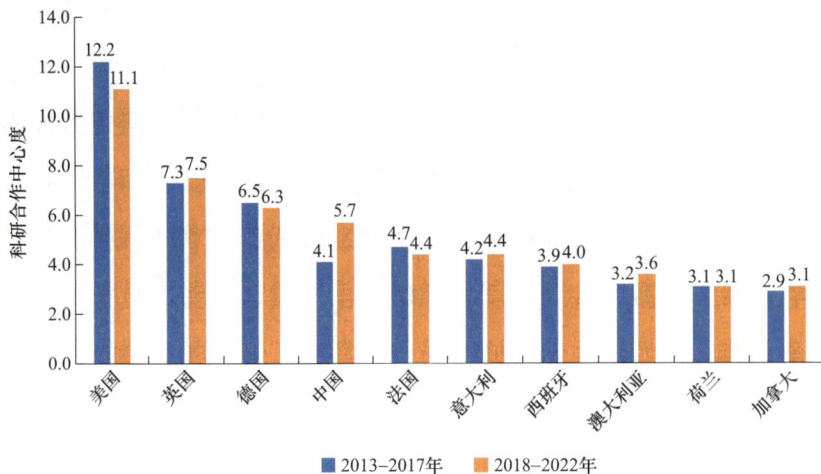

图 5-25　国际学术交流活跃度前十的国家国际科研合作中心度[①]变化

中国高价值产出明显偏少，发挥创新人才潜力的平台亟需优化。当前中国在创新人才才能发挥的场所打造以及潜能发挥方面与美国仍存在不小的差距，专利存在"量足质不足"的问题。根据阿里研究院发布的《2023 全球数字科技发展研究报告—全球科研实力对比》的数据，2023 年，在论文发布规模前十机构中，中国有 2 所机构入选，而美国却有 4 所机构入选，美国为人才发挥才能创造的空间数量要优于中国；从专利数量与高价值专利数量来看，虽然我国数字科技专利数量远超于美国，但是我国高价值专利的数量却远远低于美国。这表明，在创新人才任用方面，我国为创新人才提供的发挥平台以及平台的赋能功能依旧存在很大的提升空间，亟需为创新人才提供更多的才能发挥场景，并且提升平台运行的质量，对创新人才潜力进行充分挖掘。学术论文发表规模前 10 强机构如图 5-26 所示。各国数字科技专利与高价值专利数量如图 5-27 所示。

---

① 国际科研合作中心度用来测算某国在国际科研合作网络中的地位和重要性，该值越高说明该国与其他国家的合作越活跃。

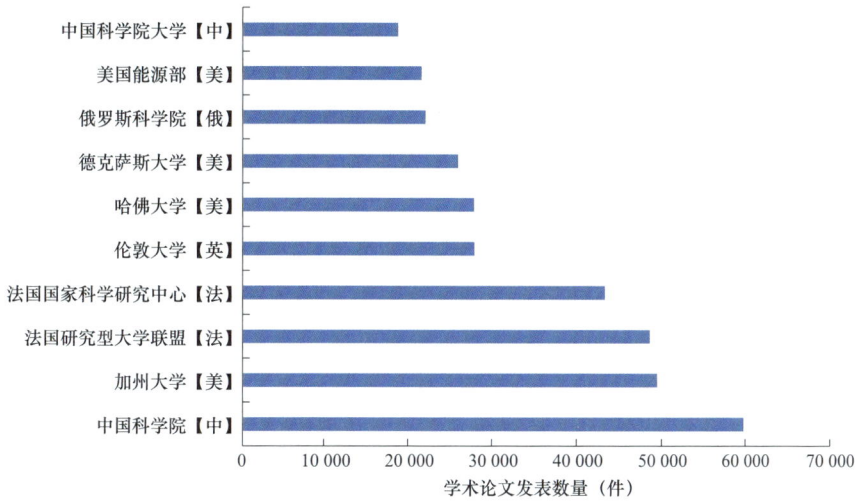

图 5-26　学术论文发表规模前 10 强机构

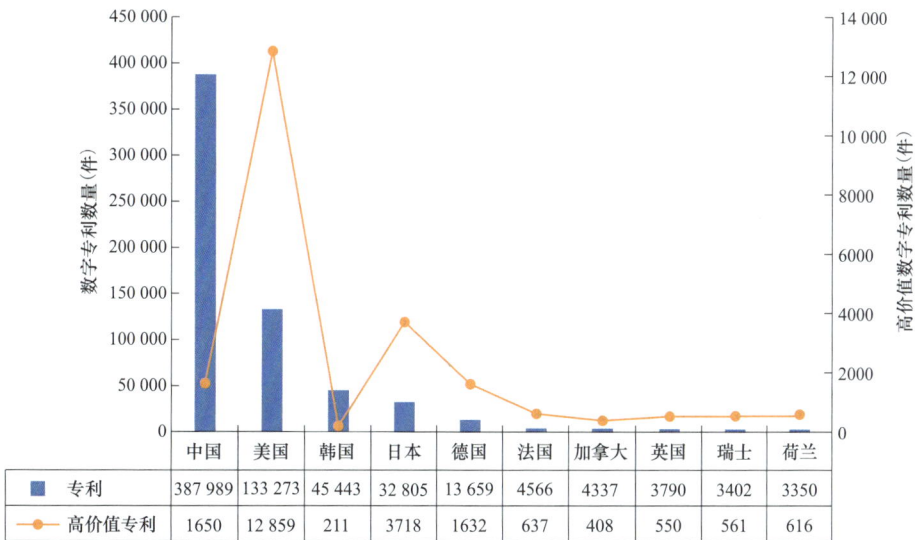

	中国	美国	韩国	日本	德国	法国	加拿大	英国	瑞士	荷兰
■ 专利	387 989	133 273	45 443	32 805	13 659	4566	4337	3790	3402	3350
—○— 高价值专利	1650	12 859	211	3718	1632	637	408	550	561	616

图 5-27　各国数字科技专利与高价值专利数量

5.3.4　中国创新人才流动性强，待遇与产业发展需求不匹配

创新活动不仅需要长期的资金投入，更需要创新人才对于某个领域的长期、稳定地深耕探索，若行业创新人才稳定性不足，创新人才对所属机构/企业缺乏归属感，会导致创新人才趋向于短期主义，对企业创新效率产生负面影响，不利于长期的技术积累，而待遇是留住创新人才的基本条件之一，只有薪酬处

于合适且具有一定市场竞争力的情况下，才能满足创新人才的基础需求。

中国各行业离职率均远高于美国，企业认同感较低。根据前程无忧发布的《2023 离职与调薪调研报告》以及美国劳工部的数据，中国各行业人才的离职率都显著高于美国，2022 年中国全行业离职率为 17.9%，而美国仅为 3%，中国全行业人才离职率接近美国的 6 倍。在耐用品制造行业，中国的离职率为 19.4%，美国的离职率为 2.4%，中国人才离职率接近美国的 7 倍。这表明，中国企业相对美国企业而言难以长期留住创新人才，各个行业创新人才都处于高流动状态，不利于创新人才产生与企业/机构发展前景一致的预期。中国与美国各行业离职率如图 5-28 所示。

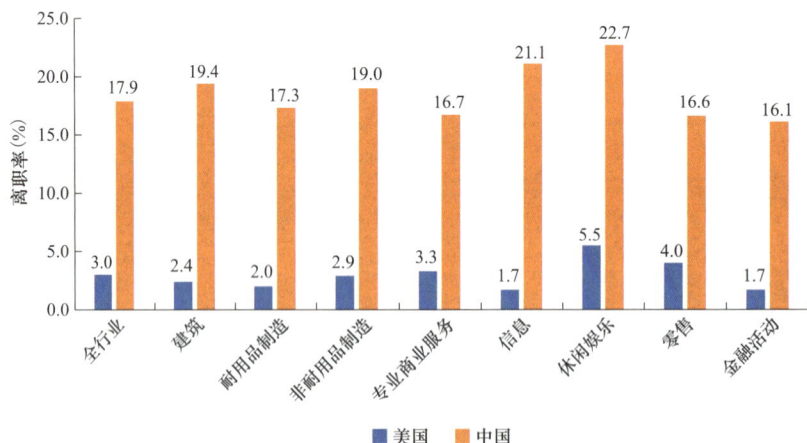

图 5-28　中国与美国各行业离职率

薪酬水平和增速与行业发展不匹配，缺乏国际竞争力。根据国家统计局与美国劳工部的数据，将各行业的薪酬水平转换为小时薪酬❶，2023 年，中国全行业薪酬为 32.2 元/h，同比增加 4.8%，其中，耐用品制造业薪酬为 33.6 元/h，同比增加 6.5%；专业商业服务业薪酬为 38.5 元/h，同比增加 0.9%；金融业薪酬为 58.1 元/h，同比增速为 13.2%。2023 年，美国全行业薪酬为 236 元/h，其中耐用品制造业薪酬为 237.9 元/h，同比增加 4.5%；专业商业服务业薪酬为 283.2 元/h，同比增加 4.4%；金融业薪酬为 306.3 元/h，同比增速为 5.3%。从

---

❶　数据转换方式：按照每月出勤天数 22 天，每天工作 8 小时制，汇率为 7 转换。

总量上看，中国与美国在所有行业上的薪酬水平存在较大的差距，在国际人才的薪酬竞争力不足，不利于留住国际人才。另外，中国金融业的薪酬无论是绝对值还是增速都远高于耐用品制造业、专业商业服务业等行业，在中国大力培育战略性新兴产业，加快发展新质生产力的目标下，这明显不利于激励专业人才进入并留在相关行业长期深耕。2023 年中美各行业薪酬水平与同比增速如图 5-29 所示。

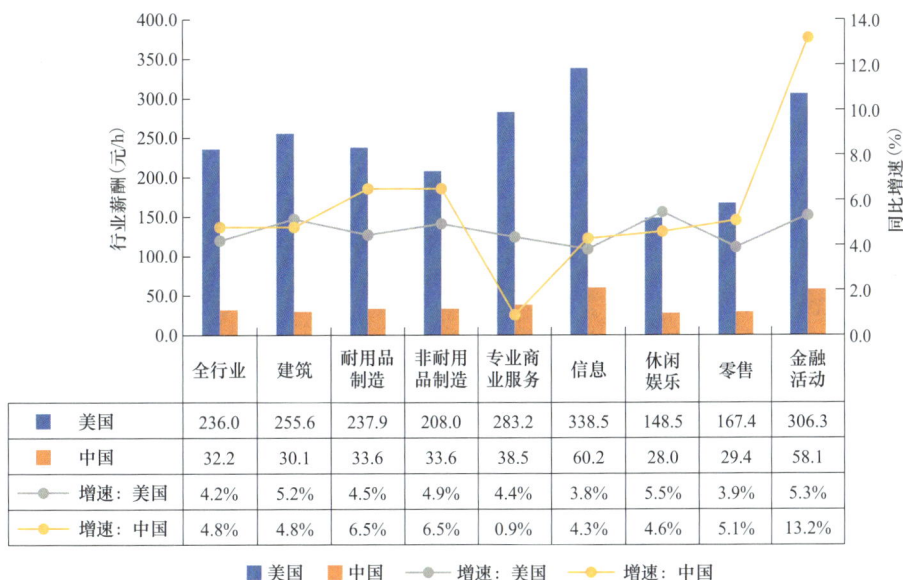

	全行业	建筑	耐用品制造	非耐用品制造	专业商业服务	信息	休闲娱乐	零售	金融活动
■ 美国	236.0	255.6	237.9	208.0	283.2	338.5	148.5	167.4	306.3
■ 中国	32.2	30.1	33.6	33.6	38.5	60.2	28.0	29.4	58.1
增速：美国	4.2%	5.2%	4.5%	4.9%	4.4%	3.8%	5.5%	3.9%	5.3%
增速：中国	4.8%	4.8%	6.5%	6.5%	0.9%	4.3%	4.6%	5.1%	13.2%

图 5-29　2023 年中美各行业薪酬水平与同比增速

5.4　中国企业创新人才队伍建设建议

构建现代化产业体系，发展新质生产力，需要打造一支知识型、技能型、创新型的劳动者队伍，促进劳动者全面发展，从而为新产业、新模式、新动能的发展提供有力支持。本节立足我国当前创新人才体系构建存在的突出问题，结合全球领先企业创新人才管理的优秀模式，围绕"引育用留"各个环节，向企业主体提出高层次创新人才引进培养、创新人才考核留用等方面的建议思路。

打造开放式创新生态圈，通过校企联动、企企联动、政企联动等方式，多

种途径引进人才支撑产业发展。**一是**加大推动校企合作与政企合作，运用中国的大学排名优势，与地方政府、地方院校合作，通过联合开展学徒制、定点实习单位的形式，打造本地化人才堤坝，将人才引入工作扩展到"招聘会前"，在社会上提前打造产业人才预备队；**二是**一方面企业间积极联合开展科技展会、行业峰会、学术研讨会等会议，吸引国内外科技人才进行参展，在展会上物色适合的企业技术路线与前瞻发展的技术人才，做好引进准备；另一方面加大与政府之间的配合力度，做好国外科技创新人才的签证、生活等方面的服务，做好人才引进的基础设施建设；**三是**建立关于应用转化、前沿技术发展的信息收集与合作机制，通过跟进技术进展，争取与国外相关研究领域的高端人才达成合作，将国外科研力量引入国内；**四是**建立技术标的库追踪机制，积极关注行业新兴企业、技术的发展，通过技术合作、收购等方式，将外部创新人才资源引进国内企业，助力发展。

加强与外部交流，引入外部资源、外部思维，对创新人才进行思路启发并且提供辅助信息，以培育企业创新人才。**一是**完善建立技术发展信息追踪机制，为企业创新人才及时提供技术前沿发展方向与思路方向，为创新人才提供参考，辅助创新人才及时修订创新路线、制定研发计划以及思考创新发展方向；**二是**企业间组建技术联盟，定时组建技术交流会议，积极参加国外技术展会、学术交流会议、标准行业协会等活动，带领创新人才走出去，与来自其他国家的人才进行沟通交流；**三是**坚持训战结合，建立与业务实际相匹配的能力评估体系与相匹配的训练体系，加大与前端业务的配合，根据业务场景制定相关的知识要求与技能要求，通过项目制的方式，从企业内部/外部打造业务场景，为创新人才提供成长机会，同时帮助创新人才基于现实逐步建立研发计划，实现企业与人才发展的一致性。

持续加大研发资源投入，发力产业集群打造，推进管理提升行动，为创新人才能力发挥创造有利条件。**一是**加大研发支出，坚持长期主义，坚持企业短期与中长期发展相结合的原则，加强对创新研发活动的资源投入，让创新人才能够获取足够的资源进行创新活动；**二是**加强政企合作，根据区域发展规划、产业负面清单等元素，推进当地产业集群建设，在区域内形成包含产业链上下游的产业集群，通过产业联动为创新人才提供更多的才能发挥空间；**三是**强化内部管理的专业性，为人才的能力发挥提供管理保障与管理赋能，坚持专业主义，尊重客观事实，做好研发创新活动的授权，主要完善两方面的工作，一方面是完善顶层保障，在董事会、技术委员会等顶层设计中设计参与人员的能力模型，保证顶层设计的专业性，因此保障决策方向、技术规划设计的专业性，与创新人才的能力发挥相互协同，推动人才能力的高质高效发挥，另一方面是持续完善执行机制，完善容错机制设计，充分考虑创新活动的客观性与风险性，以技术发展作为核心做好人才的研发项目考核模式设计工作，避免因管理机制导致创新人才出现"避重就轻"与"急功近利"的倾向，为创新人才行动解除后顾之忧，激活创新人才的潜力。

围绕物质与精神层面完善创新人才激励机制建设，打造与创新人才长期留用合作的企业氛围。一是建立以创新活动为核心的考核机制，一方面考虑到企业整体薪酬体系的内部公平性的问题，通过围绕创新活动成果设立激励机制，如成果收益共享、知识产权入股等措施，鼓励高层次人才通过创新行为获取更多的物质奖励；另一方面，除了以创新成果作为激励机制的考核条件以外，对创新过程的管理赋能、员工赋能工作也需要列入相关个体、部门的考核条件中，以此引导企业围绕创新行为形成能力协同，为高层次人才打造良好的创新环境。**二是**参照 ESG 管理体系，围绕员工的心理健康、职业规划、工作负荷等系列问题完善人力资源管理体系，并且通过如内部意见箱、员工茶话会以及第三方匿名调研等方式建立与员工之间的对话机制，共同完善内部管理氛围，以此打造良好的企业用工环境，持续改善企业文化氛围，增强员工对企业的归属感，降低流动率。

第 6 章

中国企业视角下的创新和产业区域发展格局

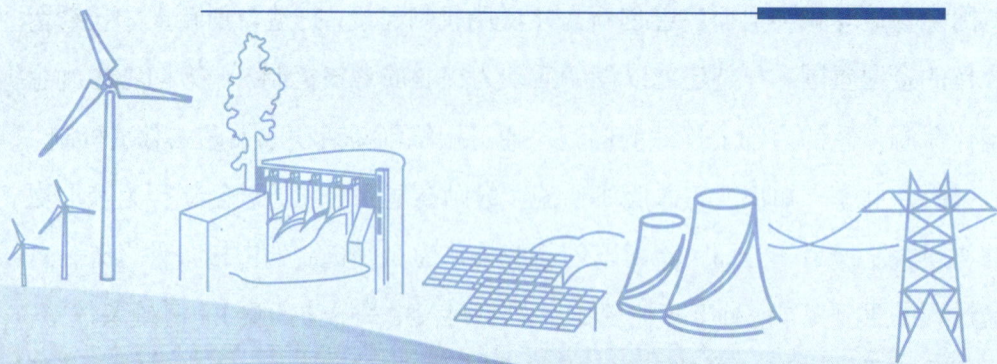

发展新质生产力要防止一哄而上和泡沫化，应从实际出发，因地制宜分类指导，有选择地推动新产业、新模式、新动能发展。本章基于中国企业的视角，分析企业创新和产业发展的区域动态演进过程，总结出不同地区企业创新和产业发展的优劣势，厘清不同地区和不同产业的企业梯队结构化缺陷，为各地区因地制宜发展新质生产力提出针对性、合理性建议。

地区分布采用国家统计局经济地带划分方式，划分为东部地区、中部地区、西部地区与东北地区，东部地区包括北京、天津、河北、上海、江苏、浙江、福建、山东、广东和海南 10 省（市）；中部地区包括山西、安徽、江西、河南、湖北和湖南 6 省；西部地区包括内蒙古、广西、重庆、四川、贵州、云南、西藏、陕西、甘肃、青海、宁夏和新疆 12 省（区、市）；东北地区包括辽宁、吉林和黑龙江 3 省。

6.1　中国企业视角下的科技创新区域发展格局

本节从企业的创新投入、成果产出以及金融投资等维度入手，对不同地区企业科技创新发展现状进行梳理，总结不同地区科技创新发展过程中的长处和短板弱项。

6.1.1　中国企业创新投入规模与强度持续提升

中国研发投入和研究人员全时当量连续两年保持两位数增速。《中国统计年鉴》的数据显示，2022 年我国企业研发投入达到 19 361.8 亿，同比增速 10.5%，研发投入强度为 1.5%，同比提升 0.1%，研究人员全时当量达到 421.5 万人年，同比增长 10.1%。2019—2022[1] 年，研发投入、研发强度、研究人员全时当量连续保持增长趋势，企业研发投入与研究人员全时当量已连续两年增速进入两位数时代，其中研发投入同比增速分别为 15.3%、10.5%，研究人员全时当量同

---

[1]　根据国家统计局《中国统计年鉴 2018》，由于企业统计的口径变化，2017 年与 2018 年数据不具可比性。

比增速为 13.2%、10.1%。2019—2022 年中国企业研发投入与研发强度如图 6-1 所示。2019—2022 年中国企业研发人员全时当量与同比增速如图 6-2 所示。

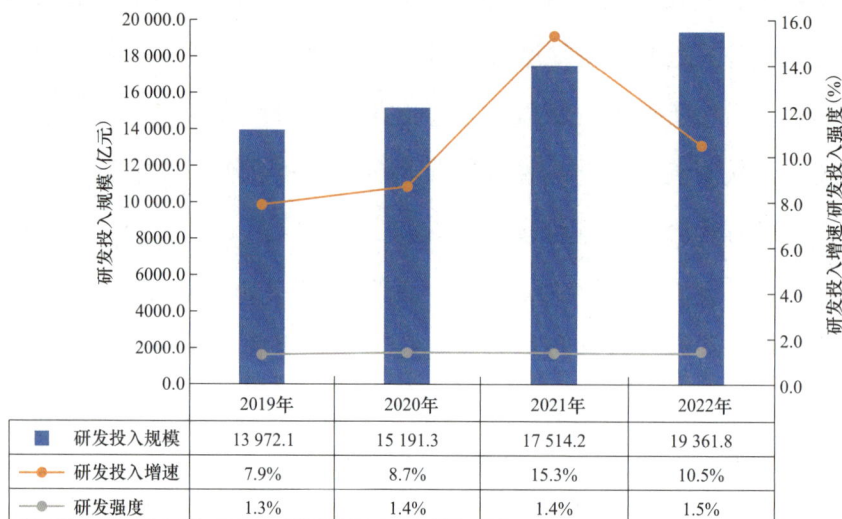

	2019年	2020年	2021年	2022年
研发投入规模	13 972.1	15 191.3	17 514.2	19 361.8
研发投入增速	7.9%	8.7%	15.3%	10.5%
研发强度	1.3%	1.4%	1.4%	1.5%

图 6-1　2019—2022 年中国企业研发投入与研发强度

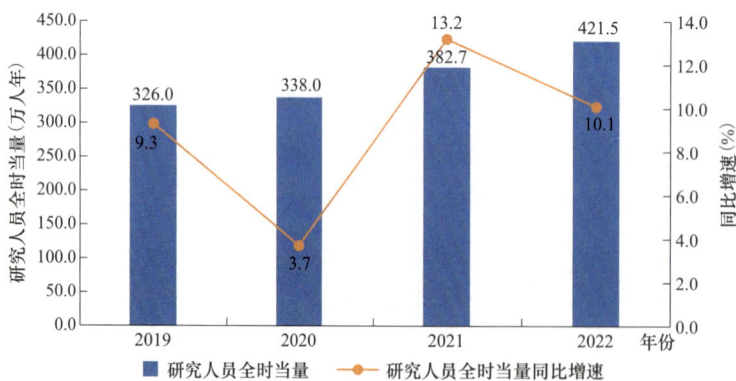

图 6-2　2019—2022 年中国企业研发人员全时当量与同比增速

东部地区企业研发投入规模与强度领跑全国，中、西部地区企业发力明显，东北地区研发投入增长较缓。从研发投入规模与研发强度上来看，2022 年，东部地区、中部地区、西部地区、东北地区企业的研发投入规模分别为 12 607.1 亿、3960.2 亿、2228.1 亿、566.3 亿元，投入强度分别为 1.6%、1.5%、0.9%、0.9%，东部地区规模是其他地区之和的 1.9 倍，领先优势明显。从研发投入规模增速来看，2022 年，东部地区、中部地区、西部地区、东北地区分别为 10.6%、

10.7%、11.4%、4.5%，其中，中部、西部地区企业 2019—2022 年的研发投入平均增速超过 10.0%，而东北地区的研发投入增速仅在 2021 年达到 10.5%，其余时间增长率均低于 10.0%。从企业研究人员全时当量的角度看，2022 年，东部地区、中部地区、西部地区、东北地区的研究人员全时当量增速分别为 9.3%、10.9%、15.9%、6.9%，东北地区增速落后于其他地区，其中中部地区企业研究人员全时当量增速连续 4 年超过 10.0%，而西部地区企业研究人员全时当量连续 4 年保持增长，增速分别为 6.4%、10.0.%、11.5%、15.2%，国家打造中部、西部地区创新高地成效显著。2019—2022 年各地区企业研发投入规模、研发规模同比增速以及研发投入强度分别如图 6-3、图 6-4 和图 6-5 所示。2019—2022 年全国规模以上企业研发人员全时当量同比增速如图 6-6 所示。

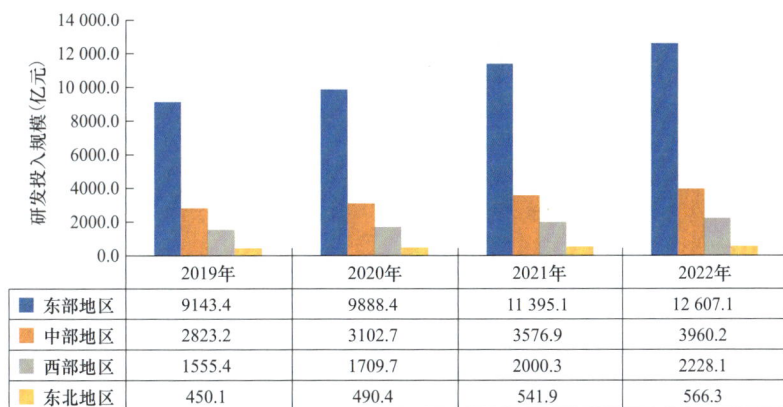

研发投入规模（亿元）	2019年	2020年	2021年	2022年
东部地区	9143.4	9888.4	11 395.1	12 607.1
中部地区	2823.2	3102.7	3576.9	3960.2
西部地区	1555.4	1709.7	2000.3	2228.1
东北地区	450.1	490.4	541.9	566.3

图 6-3　2019—2022 年各地区企业研发投入规模

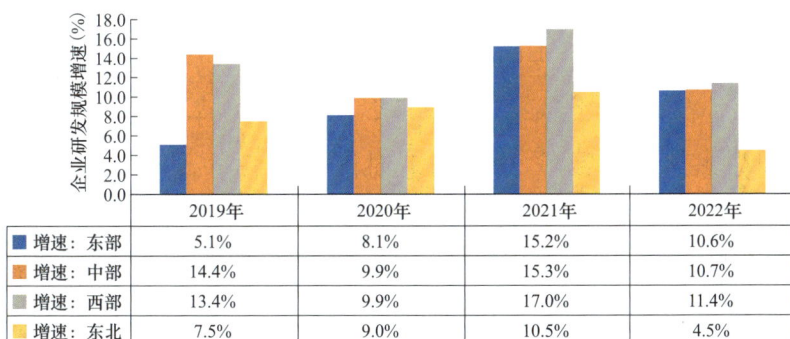

企业研发规模增速（%）	2019年	2020年	2021年	2022年
增速：东部	5.1%	8.1%	15.2%	10.6%
增速：中部	14.4%	9.9%	15.3%	10.7%
增速：西部	13.4%	9.9%	17.0%	11.4%
增速：东北	7.5%	9.0%	10.5%	4.5%

图 6-4　2019—2022 年各地区企业研发规模同比增速

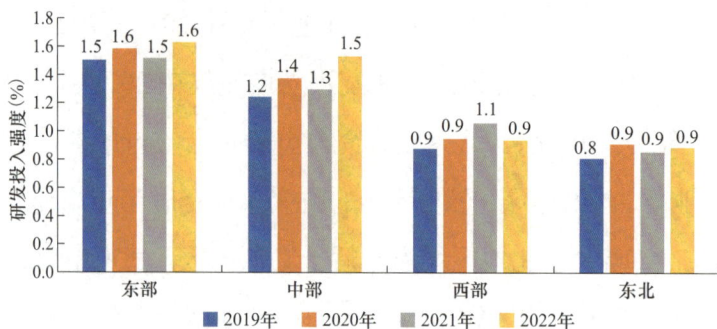

图 6-5　2019—2022 年各地区研发投入强度

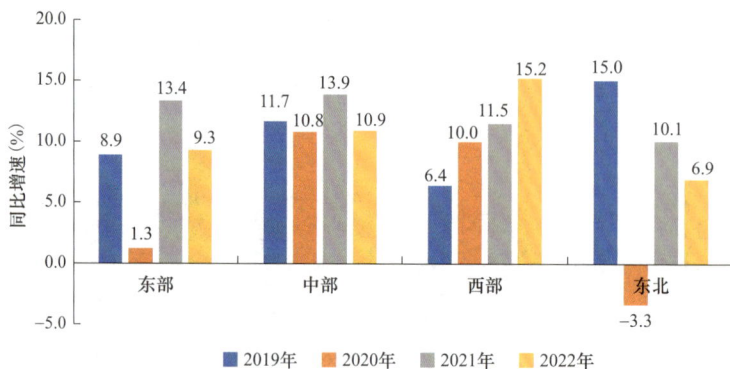

图 6-6　2019—2022 年全国规模以上企业研发人员全时当量同比增速

东部地区企业国家重点实验室等创新资源优势明显。根据长江大学科学技术处整理的《国家重点实验室、企业重点实验、省部共建国家重点实验名单》的数据，截至 2023 年，东部地区企业共打造 74 家企业国家重点实验室，研究领域包括生物医药、材料科学、装备制造、信息科学等前沿领域；中部地区共打造 25 家企业国家重点实验室，研究领域包括装备制造、新材料等方向；西部地区共打造了 16 家企业国家重点实验室，研究领域包括矿山资源开发、装备制造；东北地区共打造了 7 家企业国家重点实验室，研究领域以装备制造为主。在创新平台方面，根据科技部火炬中心发布的《科技部关于公布 2022年度国家级科技企业孵化器名单的通知》，2022 年，东部地区、中部地区、西部地区、东北地区被评为国家级科技企业孵化器数量分别为 105 个、55 个、29 个、5 个。2022 年各地区企业国家重点实验室和国家级科技企业孵化器数量如图 6-7 所示。

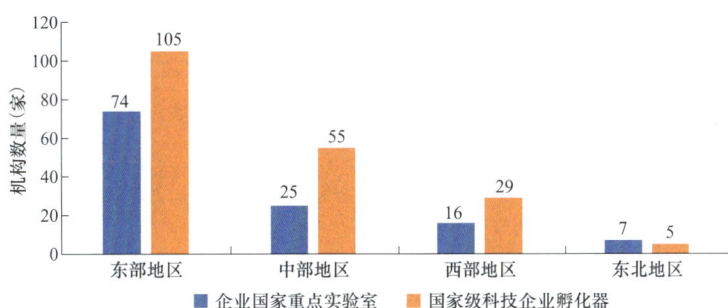

图 6-7　2022 年各地区企业国家重点实验室和国家级科技企业孵化器数量

6.1.2　企业创新成果产出进入爆发期，中部地区转化效率较低

全国企业有效发明专利数量与申请数量进入快速增长期。根据国家科技企业知识转化中心的数据，2019—2022 年全国规模以上工业企业发明专利申请数量分别是 40.0、44.6、49.5、55.5 万件，同比增速分别为 7.3%、11.9%、10.9%、12.1%；全国规模以上工业企业有效发明专利分别为 109.4、121.8、144.8、169.2、198.1 万件，同比增速分别为 17.2%、11.3%、18.9%、16.8%、17.1%，在经历 2019 年增速进入短暂的低谷后，从 2020 年开始，全国发明专利授权数量和有效发明专利增速进入快速上升期。这表明我国企业的创新成果产出开始进入爆发期，逐步构建起属于企业自身的技术竞争力。2019—2022 年全国规模以上工业企业发明专利申请量与增速如图 6-8 所示。2019—2022 年全国规模以上工业企业有效发明专利数量与同比增速如图 6-9 所示。

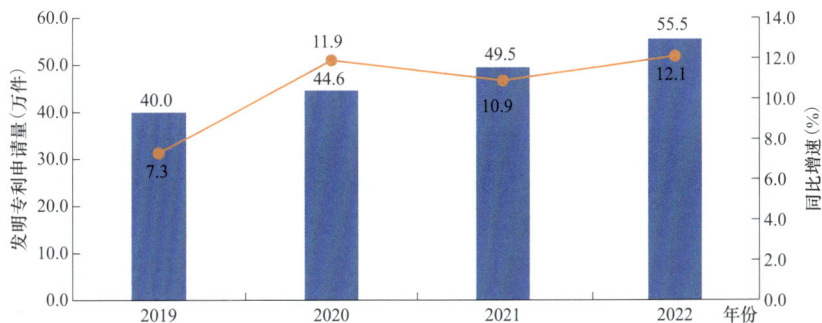

图 6-8　2019—2022 年全国规模以上工业企业发明专利申请量与增速

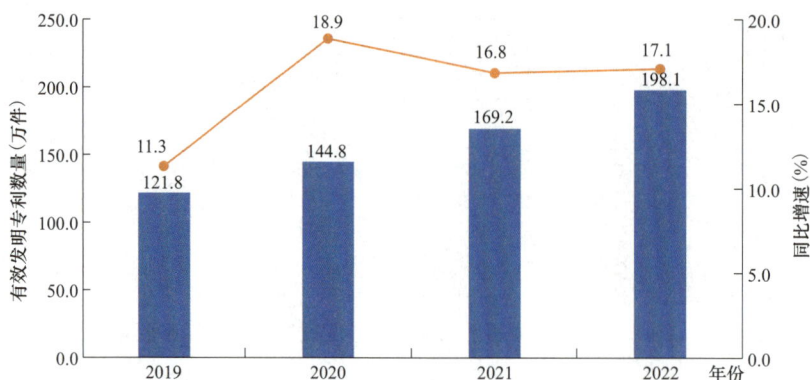

图 6-9 2019—2022 年全国规模以上工业企业有效发明专利数量与同比增速

东部地区是全国企业创新成果主要产出地。国家统计局与国家科技部的数据显示，2019—2022 年，东部地区规模以上工业企业的有效发明专利数量在全国的占比分别是 72.3%、72.5%、72.3%、72.2%，发明专利申请量在全国的占比分别是 70.9%、69.7%、69.2%、68.3%。同时 2022 年 PCT 国际专利申请受理量排名前十的省（区、市）中，前 7 位省（区、市）分别是广东、北京、江苏、上海、浙江、山东、福建，都属于东部地区，其中广东省排名第一，受理量是第二名的两倍。根据《国家知识产权局 2022 年度报告》的数据，发明专利授权量排名前十的企业全部来自东部地区。2019—2022 年东部地区规模以上企业有效发明专利数与发明专利授权量全国占比如图 6-10 所示。2022 年 PCT 国际专利申请受理量前十的省（区、市）如图 6-11 所示。2022 年国内发明专利授权量前十的企业如图 6-12 所示。

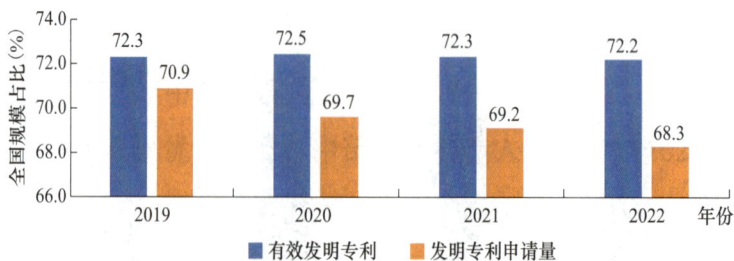

图 6-10 2019—2022 年东部地区规模以上企业有效发明专利数与

发明专利授权量全国占比

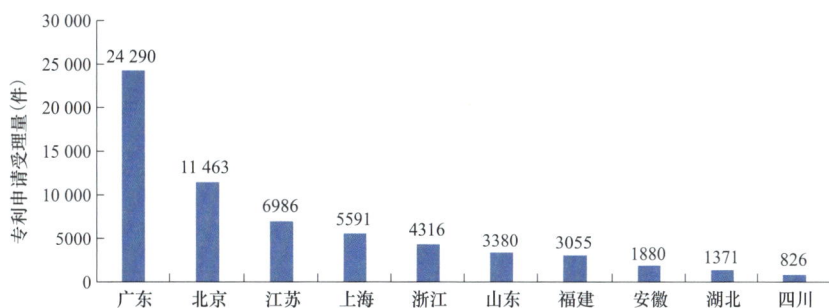

图 6-11　2022 年 PCT 国际专利申请受理量前十的省（区、市）

图 6-12　2022 年国内发明专利授权量前十的企业

西部、东北地区企业发明专利申请量全国占比提升。《中国统计年鉴 2023》的数据表明，2019—2022 年，西部地区规模以上工业企业的发明专利申请量分别为 3.7、4.3、4.9、5.7 万件，同比增速分别为 79.3%、16.1%、14.0%、17.7%，发明专利申请量全国占比逐年上升，分别为 9.2%、9.6%、9.9%、10.3%；东北地区规模以上工业企业的发明专利申请量分别为 0.9、1.2、1.3、1.8 万件，同比增速分别为 18.4%、23.6%、7.7%、39.8%，发明专利申请量全国占比保持稳步上升趋势，分别为 2.4%、2.6%、2.5%、3.2%。2022 年，西部地区和东北地区的规模以上工业企业发明专利申请量的增速快于全国发明专利申请增速（12.1%）。2019—2022 年西部地区与东北地区规模以上工业企业发明专利申请量同比增速及发明专利申请量全国占比分别如图 6-13 和图 6-14 所示。

全国企业创新成果产出消耗较为稳定，中部地区企业产出消耗全国最高。根据国家统计局的数据，我国规模以上工业企业 2019—2022 年每件发明专利申请平均需要消耗 348.5 万元研究经费，2022 年，我国规模以上工业企业发明

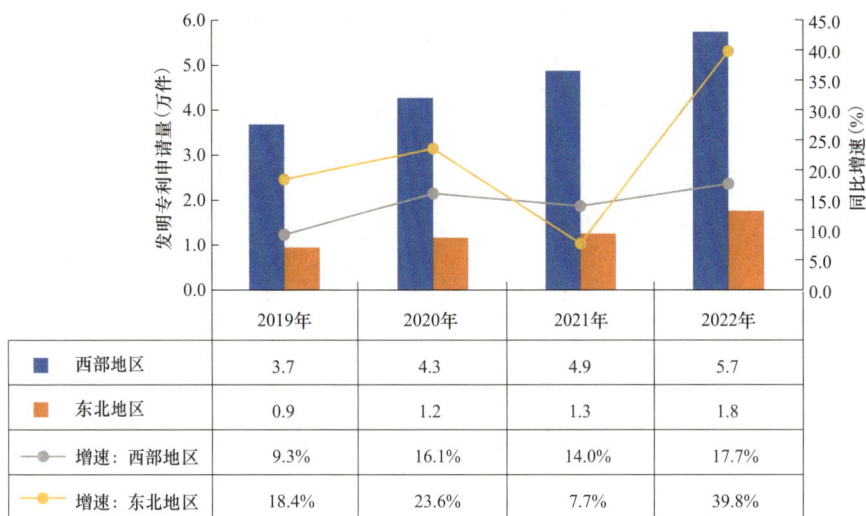

	2019年	2020年	2021年	2022年
■ 西部地区	3.7	4.3	4.9	5.7
■ 东北地区	0.9	1.2	1.3	1.8
─ 增速：西部地区	9.3%	16.1%	14.0%	17.7%
─ 增速：东北地区	18.4%	23.6%	7.7%	39.8%

图 6-13   2019—2022 年西部地区与东北地区规模以上工业企业发明专利申请量同比增速

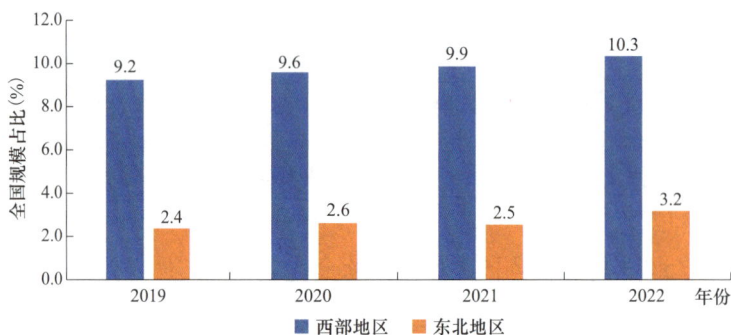

图 6-14   2019—2022 年西部地区与东北地区规模以上工业企业发明专利申请量全国占比

专利申请消耗为 349.1 万元/件。2022 年，东部地区、中部地区、西部地区、东北地区发明专利申请消耗分别为 332.7、393、388.4、322.3 万元/件。2019—2022年期间，东部地区企业发明专利平均消耗 327.7 万元/件，其中北京企业创新活动消耗最低，发明专利申请平均消耗为 214.1 万元/件。东北地区企业平均消耗最高，2019—2022 年期间，东北地区企业发明专利平均申请消耗为 417.1 万元/件，然而东北地区企业创新成果转化效率提升最快，2022 年发明专利申请消耗为 322.3 万元/件。2019—2022 年期间，中部地区企业发明专利平均申请消耗为 392.2 万元/件，消耗排名全国第三，然而 2022 年中部地区企业发明专利申请消耗为 393 万元/件，消耗全国排名第一，其中河南每件发明专利申请消耗最高，2019—2022 年期间平均消耗为 709.7 万元/件，2022 年每件发明专利申请消耗 710.7 万元/件。2019—2022 年我国各地区规模以上工业企业单位发明专利申请消耗如图 6-15 所示。

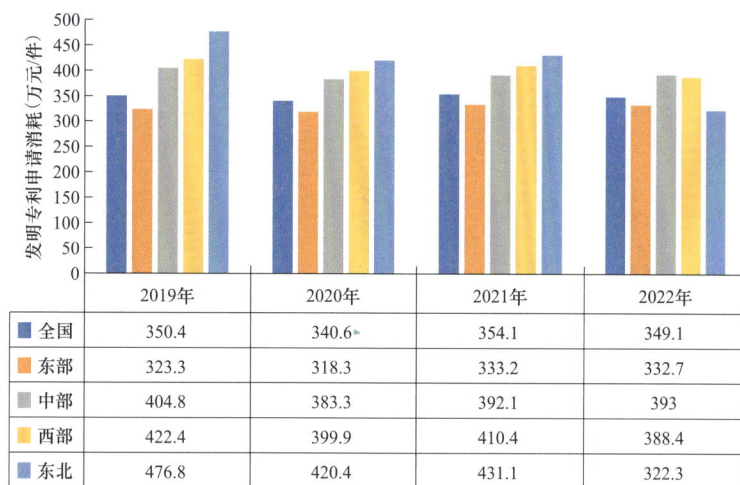

	2019年	2020年	2021年	2022年
全国	350.4	340.6	354.1	349.1
东部	323.3	318.3	333.2	332.7
中部	404.8	383.3	392.1	393
西部	422.4	399.9	410.4	388.4
东北	476.8	420.4	431.1	322.3

图 6-15　2019—2022 年我国各地区规模以上工业企业单位发明专利申请消耗

6.1.3　企业风险投资活跃度下滑，企业风险投资呈现投早、投新、投东部的特征

中国企业风险投资（CVC）活跃数量减少，参与大额融资事件比例下降，单笔投资金额出现下滑，东部企业风险投资保持活跃。根据创业邦研究中心发布的《2023 中国企业创投（CVC）研究报告》，2019—2023 年，中国企业活跃 CVC 数量分别是 620、677、823、628、619 家，在股权投资一级市场数量占比分别是 13.6%、13.6%、13.5%、11.5%、12.4%。2019—2023 年中国 CVC 参投大额融资的事件数占比分别为 44.0%、43.6%、38.1%、42.5%、39.2%，2023 年相较于 2019 年下滑了 4.8%，平均单笔投资分别为 5.1 亿、5.9 亿、5.9 亿、3.8 亿、3.7 亿元，2023 年相较于 2019 年单笔投资减少了 1.4 亿元。在中国企业整体风险投资活跃数量减少的背景下，2023 年，活跃 CVC 机构大部分属于东部地区企业，排名前四是北京、广东、浙江、上海，活跃 CVC 数量分别是 132、106、81、81 家，数量占全国活跃 CVC 比例为 64.6%，说明东部地区企业风险投资依旧保持活跃。2019—2023 年全国活跃 CVC 数量及占比

情况如图 6-16 所示。2019—2023 年全国活跃 CVC 单笔投资金额与参与大额融资事件数量占比如图 6-17 所示。2023 年活跃 CVC 所属地区数量分布如图 6-18 所示。

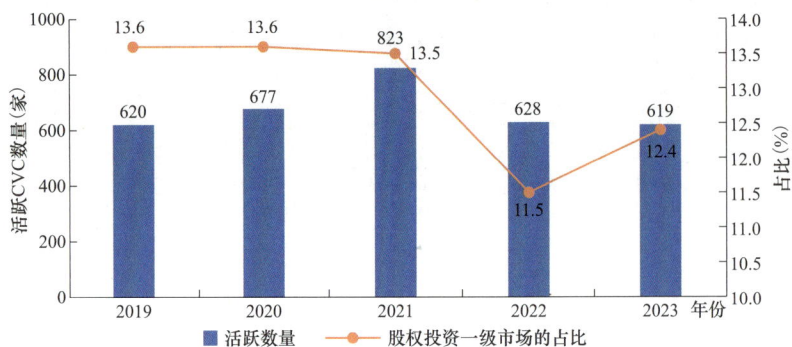

图 6-16　2019—2023 年全国活跃 CVC 数量及占比情况

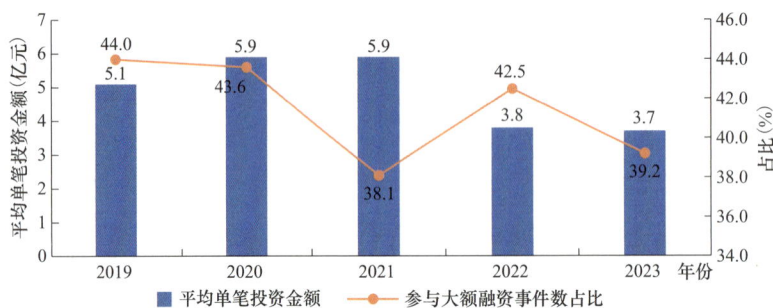

图 6-17　2019—2023 年全国活跃 CVC 单笔投资金额与参与大额融资事件数量占比

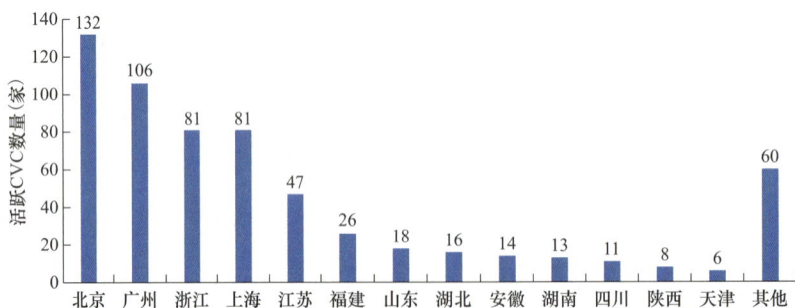

图 6-18　2023 年活跃 CVC 所属地区数量分布

"东部企业""新科技""早期投资"成为 CVC 投资的关键词。区域选择方

面，2023 年，国内 CVC 的投资事件主要集中在东部地区，其中广东（252 起）、上海（232 起）、江苏（213 起）、浙江（202 起）、北京（194 起）五个省（市）的 CVC 投资事件数量占全国 67.8%。**行业选择方面**，2023 年，CVC 在智能制造、医疗健康、企业服务行业发起的投资事件分别为 347、145、139 起，占比 48.4%。从大额融资❶事件的行业分布来看，CVC 参与了能源电力、汽车交通、人工智能、智能制造的大额融资事件数量分别为 9、8、7、6 起，占行业大额融资数量比例分别为 56.3%、50%、58.3%、46.2%。根据 FOFWEEKLY 机构发布的《中国 CVC 影响力报告 2024》的数据表明，2024 年国内 CVC 维持对新技术、新产业的投资热情，对硬科技、新能源、先进制造行业的投资意向比例分别为 74%、72.9%、71.9%。**投资阶段方面**，按投资阶段划分，CVC 倾向于参与早期、成长期阶段，2023 年，中国 CVC 共参与了 1613 期投资事件，参与早期阶段的投资事件共 1114 起，事件数量整体占比 69.1%，其中参与 A 轮的投资事件最多，为 588 起，事件数量整体占比 36.4%，而参与成长期阶段的投资事件达 417 起，占比 25.9%。

2023 年 CVC 投资事件地区分布如图 6-19 所示。2023 年 CVC 参与投资事件行业分布如图 6-20 所示。2023 年 CVC 参与大额融资事件行业分布如图 6-21 所示。2024 年 CVC 意向重点投资的行业如图 6-22 所示。2023 年 CVC 参与投资事件阶段分布如图 6-23 所示。

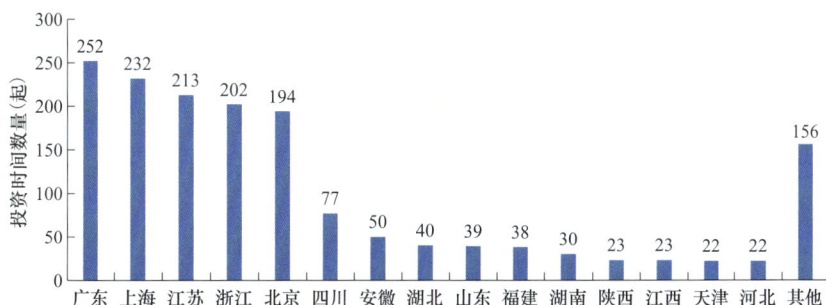

图 6-19　2023 年 CVC 投资事件地区分布

---

❶　大额融资事件：单笔融资额度在 1 亿美金及以上的融资事件。

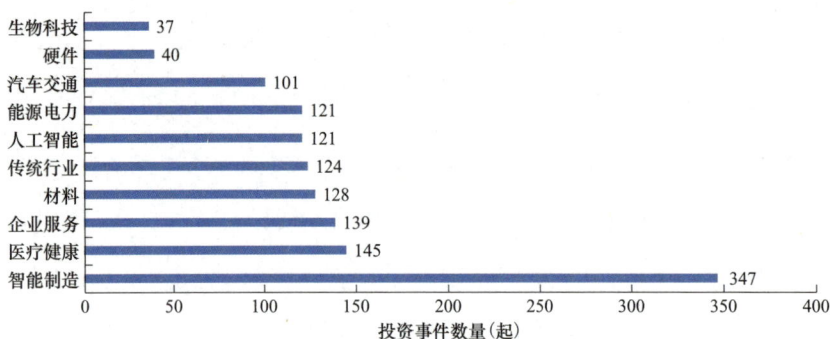

图 6-20　2023 年 CVC 参与投资事件行业分布

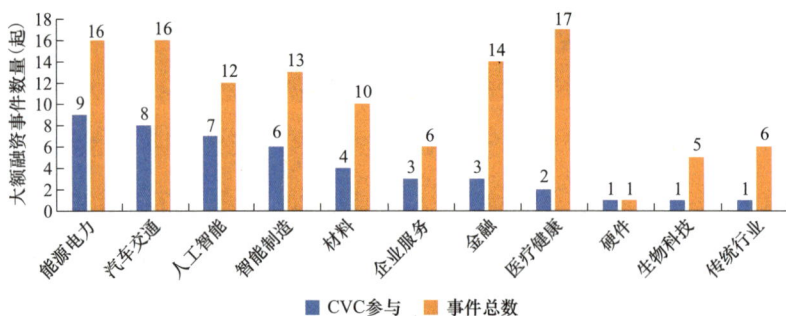

图 6-21　2023 年 CVC 参与大额融资事件行业分布

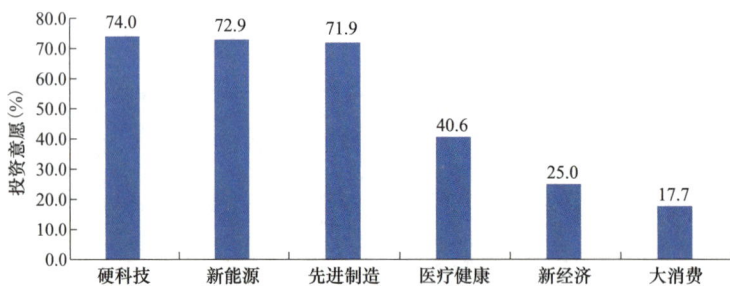

图 6-22　2024 年 CVC 意向重点投资的行业

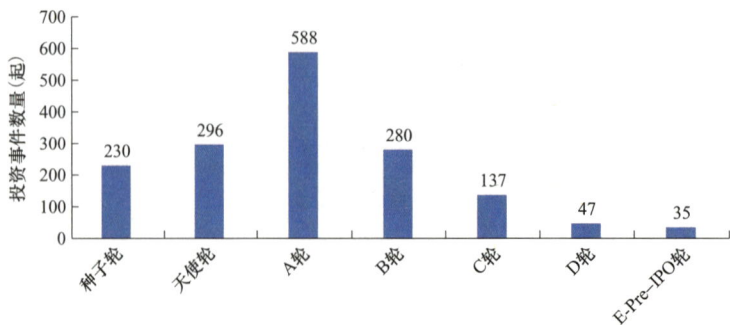

图 6-23　2023 年 CVC 参与投资事件阶段分布

6.2　中国企业视角下的战略性新兴产业区域发展格局

　　企业是发展新质生产力的重要载体。本节从上市企业、独角兽企业、专精特新小巨人企业三类企业的角度出发，对中国战略性新兴产业的发展的区域结构与行业结构进行分析。

6.2.1　上市企业视角下的战略性新兴产业区域发展格局

　　战略性新兴产业上市企业市值、营收占比持续上升，成为中国产业发展的新增长极。根据 Wind 数据库统计，截至 2023 年底，我国共有 5364 家上市公司，其中分属于战略性新兴产业的上市公司共 1838 家，数量占所有上市公司比例为 34.3%。2019 年到 2023 年间，战略性新兴产业公司市值分别为 38 162.0 亿、96 279.6 亿、150 216.9 亿、152 663.7 亿、172 115.2 亿元，在所有上市公司市值中占比分别为 5.9%、11.1%、15.2%、17.4%、19.6%；从主营业务收入来看，2019—2023 年期间，战略性新兴产业公司主营业务营收分别为 22 337.4 亿、28 322 亿、37 786.7 亿、46 090.0 亿、48 494.1 亿元，在所有上市公司主营业务营收占比分别为 5.2%、6.3%、6.8%、7.6%、7.8%。

　　新一代信息技术等产业规模迅速扩大，但战略性新兴产业企业运营质量亟待提高。从产业分布上看，新一代信息技术、高端装备制造、生物以及新材料产业的上市公司数量分别是 567、315、265、263 家，数量占比分别为 30.8%、17.1%、14.3%、14.4%，合计 1410 家，占整体比例的 76.7%。从市值上来看，2023 年，新一代信息技术产业、高端装备制造产业、新材料产业、生物产业、新能源汽车产业、节能环保产业、数字创意产业、相关服务业的上市企业市值分别为 79 733.3 亿、16 533.1 亿、15 322.7 亿、26 729.3 亿、11 993.0 亿、7878.1 亿、8032.8 亿、2836.9 亿、3056.0 亿元，相较于 2019 年分别提升了 6.6%、1.5%、1.2%、1.8%、0.8%、0.8%、0.7%、0.1%、0.2%。从主营业务收入上看，2023 年，这九大战新产业的主营业务收入占上市公司比例分别为 3.2%、0.7%、0.8%、

0.6%、1.0%、0.6%、0.7%、0.1%、0.1%，相较于 2019 年仅提升了 0.5%、0.3%、0.3%、0.2%、0.7%、0.4%、0.3%、0%、0%，均低于市值的提升幅度，表明在市场看好的情况下，战新产业企业的运营规模提升缓慢。战略性新兴产业的上市公司分布如图 6-24 所示。2019 年与 2023 年战略性新兴产业的上市公司市值占比如图 6-25。2019 年与 2023 年战略性新兴产业的上市公司主营业务收入占比如图 6-26 所示。

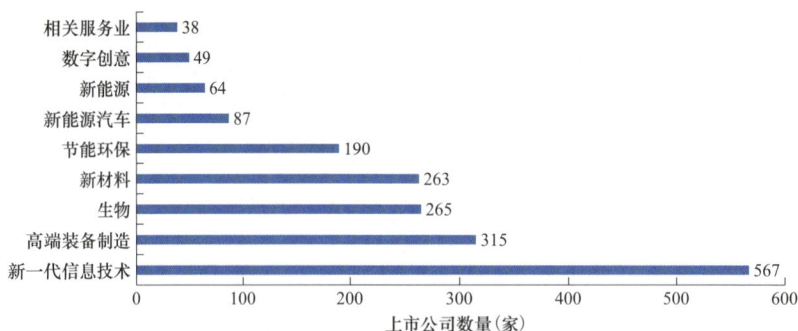

图 6-24　战略性新兴产业的上市公司分布

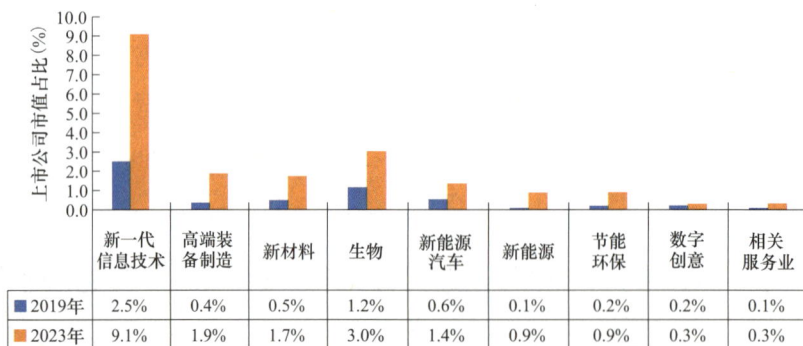

	新一代信息技术	高端装备制造	新材料	生物	新能源汽车	新能源	节能环保	数字创意	相关服务业
2019年	2.5%	0.4%	0.5%	1.2%	0.6%	0.1%	0.2%	0.2%	0.1%
2023年	9.1%	1.9%	1.7%	3.0%	1.4%	0.9%	0.9%	0.3%	0.3%

图 6-25　2019 年与 2023 年战略性新兴产业的上市公司市值占比

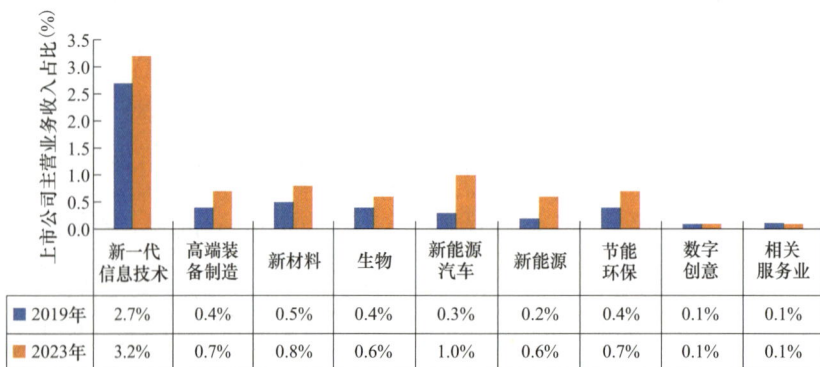

	新一代信息技术	高端装备制造	新材料	生物	新能源汽车	新能源	节能环保	数字创意	相关服务业
2019年	2.7%	0.4%	0.5%	0.4%	0.3%	0.2%	0.4%	0.1%	0.1%
2023年	3.2%	0.7%	0.8%	0.6%	1.0%	0.6%	0.7%	0.1%	0.1%

图 6-26　2019 年与 2023 年战略性新兴产业的上市公司主营业务收入占比

　　东部地区战略性新兴产业上市公司规模断档领先，成为全国培育战新产业的主阵地。截至 2023 年，东部地区、中部地区、西部地区、东北地区的战略性新兴产业上市公司数量分别为 1410、235、154、39 家，东部地区的战略性新兴产业上市公司数量占总体战略性新兴产业上市公司数量的 76.7%。从市值来看，2023 年东部地区、中部地区、西部地区、东北地区的战略性新兴产业上市公司市值分别是 142 783.3 亿、15 482.5 亿、10 959.4 亿、2890.0 亿元，分别占所有上市公司市值的 16.3%、1.8%、1.3%、0.3%，与 2019 年相比，东部地区、中部地区、西部地区、东北地区的战略性新兴产业上市公司市值占所有上市公司市值比例分别提升了 11.4%、1.2%、1%、0.2%。从主业营收上来看，2023 年东部地区、中部地区、西部地区、东北地区的战略性新兴产业上市公司主业营收分别是 39 735.6 亿、5938.6 亿、2368.5 亿、451.4 亿元，占所有上市公司主营业务收入的 6.4%、1.0%、0.4%、0.1%，与 2019 年相比，东部地区、中部地区、西部地区、东北地区的战略性新兴产业上市公司主业营收占所有上市公司主业营收的比例分别提升了 2%、0.5%、0.2%、0.1%。2019 年与 2023 年不同地区战略性新兴产业的上市公司市值占比与主营业务收入占比分别如图 6-27 和图 6-28 所示。

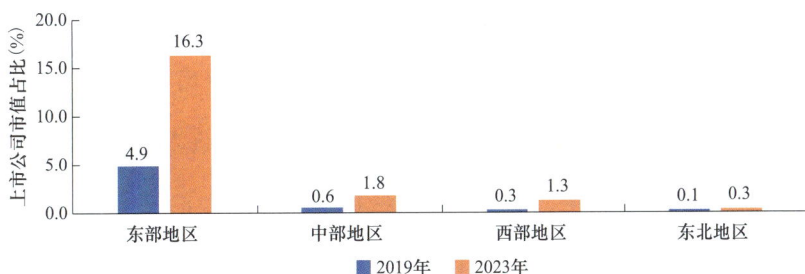

图 6-27　2019 年与 2023 年不同地区战略性新兴产业的上市公司市值占比

图 6-28　2019 年与 2023 年不同地区战略性新兴产业的上市公司主营业务收入占比

东部地区各省（市）在战略性新兴产业发展方面各有优势，广东省上市企业数量最多，江苏省多领域保持领先。战略性新兴产业的上市公司集中在东部地区的是广东、江苏、浙江、北京、上海这 5 个省（市），分别是 348、308、237、178、159 家，共计 1230 家，占全国战略性新兴产业上市公司总数的 66.9%。其中，**江苏省**在 5 个战略性新兴产业上的上市公司数量最多，分别是高端装备制造、节能环保、新材料、新能源以及新能源汽车，上市公司数量分别为 55、37、60、14、21 家，在全国相关产业上市公司数量中的占比分别是 17.3%、19.5%、23%、21.9% 以及 24.1%。江苏省高端装备产业上市公司集中在智能装备制造行业，上市公司数量为 44 家；新材料产业上市公司集中在先进石化化工材料行业，上市公司数量为 23 家；新材料产业上市公司集中在太阳能行业，上市公司数量为 8 家；新能源汽车产业上市公司集中在汽车装置、配件制造行业，上市公司数量为 17 家；节能环保产业上市公司行业分布较为均匀，分别为高效节能、先进环保、资源循环和利用，上市公司数量分别为 14、11、12 家。**广东省**属于新一代信息技术与数字创意产业的上市公司数量最多，分别为 157 家与 14 家，在相关产业上市公司数量中的占比为 27.7% 与 28.6%，新一代信息技术产业上市公司以电子核心行业为主，上市公司数量为 92 家；数字创业产业上市公司以设计服务为主，上市公司数量为 6 家。**北京市**属于相关服务业的上市公司为 7 家，全国各省（市、自治区）中数量最多，在相关行业占比 18.4%，集中在新技术与创新创业服务行业，上市公司数量为 4 家。**上海市**属于生物产业的上市公司最多，为 36 家，占全国相关行业的 13.6%，集中在生物医药行业，上市公司数量为 24 家。2023 年战略新兴产业上市公司的省（市）数量分布如图 6-29 所示。

6.2.2 独角兽企业视角下的战略性新兴产业区域发展格局

独角兽企业数量持续上升，大部分来自战略性新兴产业。根据长城咨询的《中国独角兽企业研究报告》，2019—2023 年，中国独角兽企业数量分别为 218、251、316、357、369 家，战略性新兴产业独角兽企业数量分别为 185、

213、267、297、312 家，在独角兽企业数量中占比分别为 84.9%、84.9%、84.5%、83.2%、84.6%。2019—2023 年独角兽企业数量变化如图 6-30 所示。

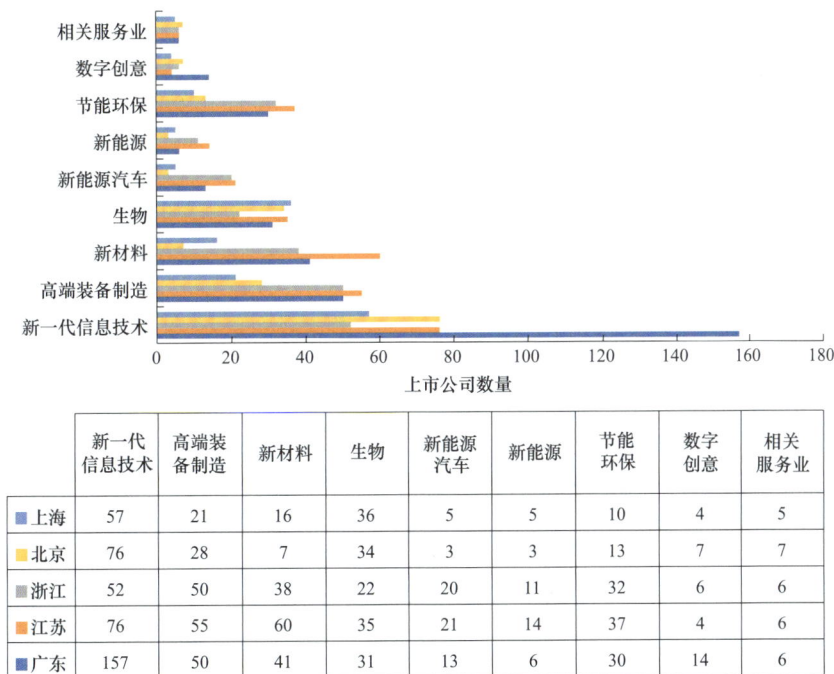

	新一代信息技术	高端装备制造	新材料	生物	新能源汽车	新能源	节能环保	数字创意	相关服务业
上海	57	21	16	36	5	5	10	4	5
北京	76	28	7	34	3	3	13	7	7
浙江	52	50	38	22	20	11	32	6	6
江苏	76	55	60	35	21	14	37	4	6
广东	157	50	41	31	13	6	30	14	6

图 6-29　2023 年战略新兴产业上市公司的省（市）数量分布

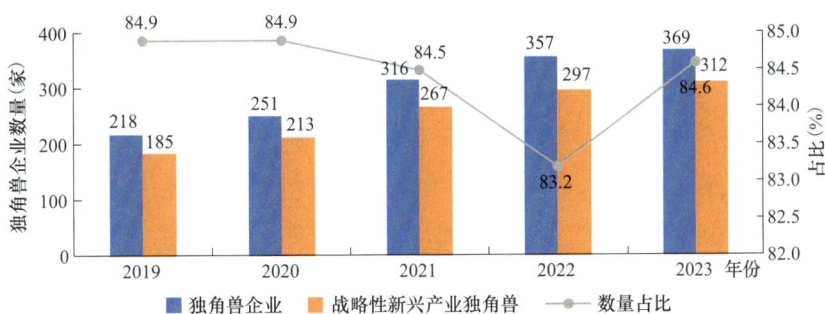

图 6-30　2019—2023 年独角兽企业数量变化

新一代信息技术产业是培育独角兽企业的主要领域，生物产业、高端装备制造产业、新能源产业正在加速诞生独角兽企业。 2019—2023 年，属于新一代信息技术产业的独角兽企业的数量分别为 124、133、125、136、164 家，占独角兽企业数量比例分别为 67.0%、62.4%、46.8%、45.8%、52.6%；属于生物产业的独角兽企业的数量分别为 18、26、45、44、39 家，占独角兽企业数量比例分别为 9.7%、12.2%、16.9%、14.8%、12.5%；属于高端装备制造业产业的独角兽企业数量分别为 5、8、20、24、30 家，占独角兽企业数量比例分别为 2.7%、3.8%、7.5%、8.1%、9.6%；属于新能源产业的独角兽企业数量分别为 3、1、2、15、28 家，占独角兽企业数量比例分别为 1.6%、0.5%、0.7%、5.1%、9.0%。2019—2023 年新一代信息技术产业、生物产业、高端装备制造产业和新能源产业的独角兽企业数量如图 6-31 所示。

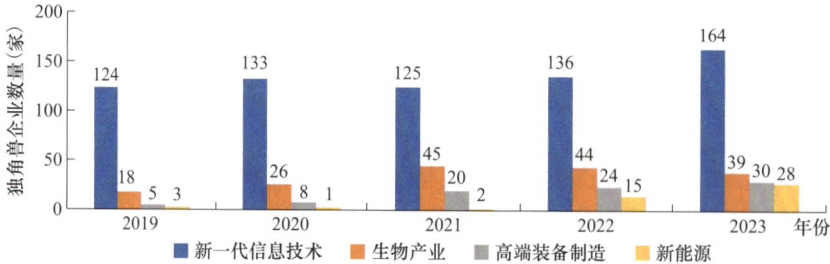

图 6-31 2019—2023 年新一代信息技术产业、生物产业、高端装备制造产业和
新能源产业的独角兽企业数量

数字创意产业与相关服务业独角兽企业高度集中在东部地区，东北地区独角兽企业较少。2019—到 2023 年期间，东部地区独角兽企业数量分别为 170、198、241、259、274 家，占全国战略性新兴产业独角兽数量比例分别为 91.9%、93%、90.3%、87.2%、87.8%，其中，属于数字创意产业的独角兽企业数量分别为 15、16、15、16、12 家，占全国数字创意产业独角兽比例分别为 93.8%、94.1%、83.3%、84.2%、92.3%；属于相关服务业的独角兽企业数量分别为 10、13、24、24、13 家，占全国数字创意产业独角兽比例分别为 90.9%、92.9%、93.3%、96%、92.9%。而 2019—2023 年期间，东北地区独角兽企业数量分别为 0、1、1、2、1 家。2019—2023 年东部地区数字创意产业和相关服务业的独角兽企业数量如图 6-32 所示。

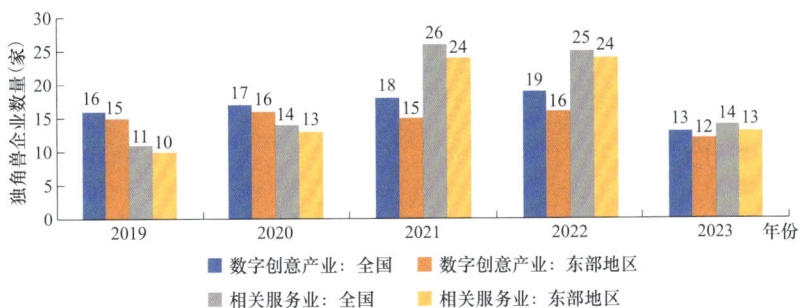

图 6-32　2019—2023 年东部地区数字创意产业和相关服务业的独角兽企业数量

独角兽企业一半来自北京和上海，主要领域包括新一代信息技术产业、高端装备制造、生物产业、数字创业产业、相关服务业。 2023 年，北京和上海独角兽企业数量占全国的比例分别为 32.1% 和 17.9%，北京和上海属于新一代信息技术产业、高端装备制造、生物产业、数字创业产业、相关服务业的独角兽企业数量分别为 63、12、8、6、7 家和 30、5、10、3、2 家，占对应产业独角兽企业总数的比例分别为 38.4%、40.0%、20.5%、46.2%、50.0% 和 18.3%、16.7%、25.6%、23.1%、14.3%。两市占比之和为 56.7%、56.7%、46.1%、69.3%、64.3%。2023 年北京与上海独角兽企业数量占比如图 6-33 所示。

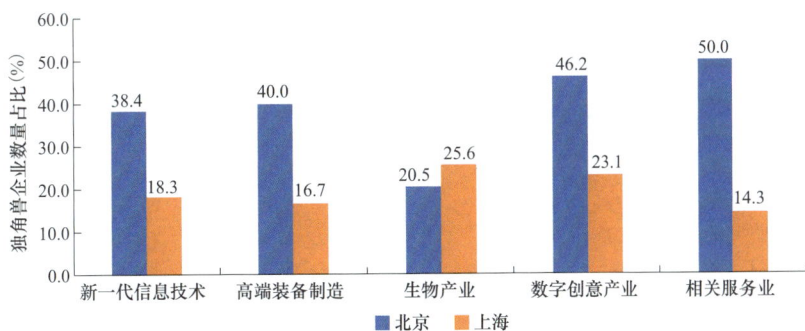

图 6-33　2023 年北京与上海独角兽企业数量占比

6.2.3　专精特新"小巨人"企业视角下的战略性新兴产业区域发展格局

每一批次中新一代信息技术产业、高端装备制造产业、新材料产业的专精特新"小巨人"企业数量持续上升。 根据国家工信部发布的数据，截至 2023

年，属于新一代信息技术产业、高端装备制造产业、新材料产业的专精特新
"小巨人"企业数量分别为 2993、3891、2556 家，占专精特新"小巨人"企
业总数的比例分别为 23.4%、30.5%、20.0%，并且在五个批次专精特新"小
巨人"中企业中，新一代信息技术产业、高端装备制造产业、新材料产业的
专精特新"小巨人"企业数量合计分别为 142、1221、2291、2758、3028 家，
在对应批次的专精特新"小巨人"企业数量中的占比分别为 57.7%、70.4%、
78.4%、63.4%、86.1%。2023 年战略性新兴产业相关的专精特新"小巨人"
企业数量与占比如图 6-34 所示。五个批次中新一代信息技术产业、高端装备
制造产业、新材料产业的专精特新"小巨人"企业合计数量与数量占比如图
6-35 所示。

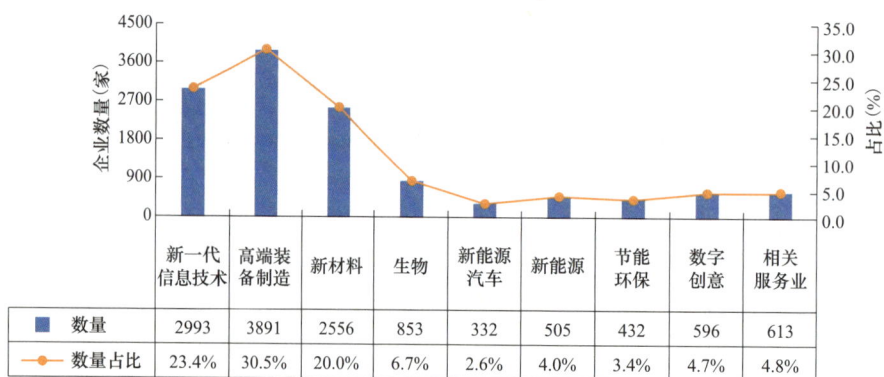

	新一代信息技术	高端装备制造	新材料	生物	新能源汽车	新能源	节能环保	数字创意	相关服务业
数量	2993	3891	2556	853	332	505	432	596	613
数量占比	23.4%	30.5%	20.0%	6.7%	2.6%	4.0%	3.4%	4.7%	4.8%

图 6-34　2023 年战略性新兴产业相关的专精特新"小巨人"企业数量与占比

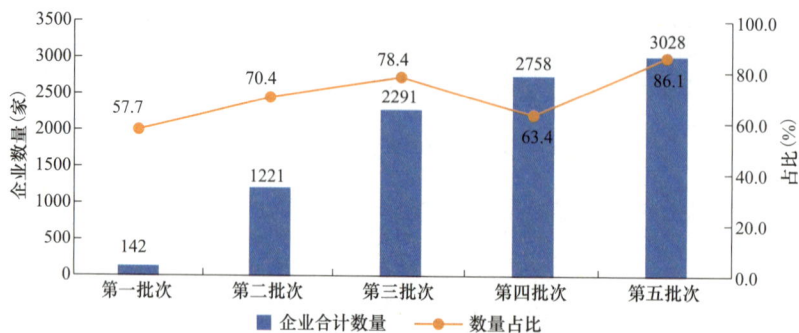

图 6-35　五个批次中新一代信息技术产业、高端装备制造产业、新材料产业的
专精特新"小巨人"企业合计数量与数量占比

专精特新"小巨人"企业逐步向东部地区聚拢。截至 2023 年，东部地区、中部地区、西部地区、东北地区的专精特新"小巨人"企业数量分别为 8105、2706、1489、471 家，数量占比分别为 63.5%、21.2%、11.7%、3.7%。东部地区的专精特新"小巨人"企业数量在五个批次中的数量分别为 127、909、1632、2791、2646 家，在对应批次中的数量占比分别为 51.6%、52.4%、55.8%、64.2%、75.2%。东部地区在五个批次中的专精特新"小巨人"企业数量与数量占比如图 6-36 所示。

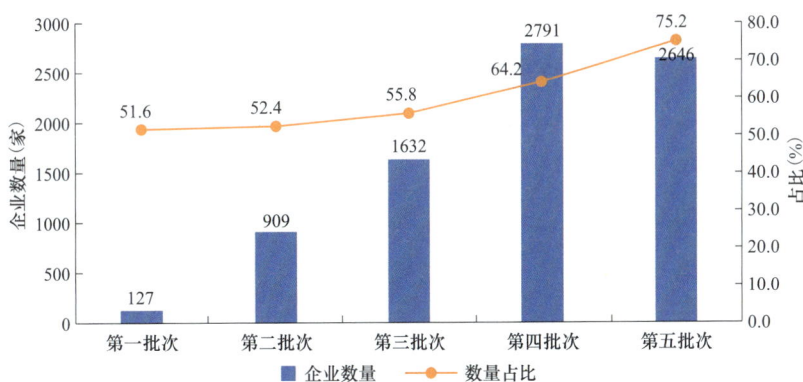

图 6-36　东部地区在五个批次中的专精特新"小巨人"企业数量与数量占比

北京、上海、广东、江苏、浙江、山东的专精特新"小巨人"企业数量持续增加，培育专精特新"小巨人"企业方面的工作效果显著。截至 2023 年，东部地区中北京、上海、广东、江苏、浙江、山东 6 省（市）的专精特新"小巨人"企业数量分别为 835、708、1507、1481、1446、1049 家，占专精特新"小巨人"企业总数的比例分别为 6.5%、5.5%、11.8%、11.6%、11.3%、8.2%，在五个批次中，北京、上海、广东、江苏、浙江、山东的专精特新"小巨人"企业数量合计数分别为 102、644、1336、2454、2490 家，在相应批次中数量占比分别为 41.5%、37.1%、45.7%、56.4%、70.8%。2023 年北京、上海、广东、江苏、浙江、山东的专精特新"小巨人"企业数量与数量占比如图 6-37 所示。北京、上海、广东、江苏、浙江、山东在五个批次中的专精特新"小巨人"企业数量与数量占比如图 6-38 所示。

	北京	上海	广东	江苏	浙江	山东
■ 企业数量	835	708	1507	1481	1446	1049
●— 数量占比	6.5%	5.5%	11.8%	11.6%	11.3%	8.2%

图 6-37　2023 年北京、上海、广东、江苏、浙江、山东的专精特新

"小巨人"企业数量与数量占比

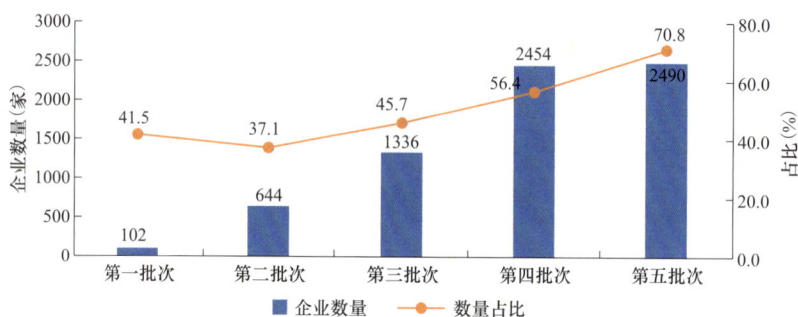

图 6-38　北京、上海、广东、江苏、浙江、山东在五个批次中的专精特新

"小巨人"企业数量与数量占比

6.2.4　不同产业和不同地区均存在企业梯队结构化缺陷

新一代信息技术产业、高端装备制造产业、新材料产业、生物产业、新能源汽车产业、新能源产业存在不同程度的梯队结构缺陷，节能环保产业独角兽企业培育工作进度缓慢。新一代信息技术产业、生物产业、新能源汽车产业、新能源产业存在"底部不足"的企业梯队结构缺陷，属于**新一代信息技术产业**的上市公司数量为 567 家，在所有战新产业上市公司数量的占比是 30.8%，独角兽企业 164 家，在独角兽企业中占比 52.6%，专精特新"小巨人"企业 2993 家，在所有专精特新"小巨人"企业数量的占比 23.4%；属于**生物产业**的上市公司数量为 265 家，在所有战新产业上市公司数量的占比是 14.4%，独角兽企

业 39 家，在独角兽企业中占比 12.5%，专精特新"小巨人"企业 853 家，在所有专精特新"小巨人"企业数量的占比 6.7%；属于**新能源汽车产业**的上市公司数量为 87 家，在所有战新产业上市公司数量的占比是 4.7%，独角兽企业 17 家，在独角兽企业中占比 5.4%，专精特新"小巨人"企业 332 家，在所有专精特新"小巨人"企业数量的占比 2.6%；属于**新能源技术产业**的上市公司数量为 64 家，在所有战新产业上市公司数量的占比是 3.5%，独角兽企业 28 家，在独角兽企业中占比 9.0%，专精特新"小巨人"企业 505 家，在所有专精特新"小巨人"企业数量的占比 4.0%，其中，新一代信息技术产业的独角兽企业占比显著高于其他类型公司，部分源自于软件行业业态的特殊性。高端装备制造产业、新材料产业存在**"腰部不足"**的企业梯队结构缺陷，属于**高端装备制造产业**的上市公司数量为 315 家，在所有战新产业上市公司数量的占比是 17.1%，独角兽企业 30 家，在独角兽企业中占比 9.6%，专精特新"小巨人"企业 3891 家，在所有专精特新"小巨人"企业数量的占比 30.5%；属于**新材料产业**的上市公司数量为 263 家，在所有战新产业上市公司数量的占比是 14.3%，独角兽企业 7 家，在独角兽企业中占比 2.2%，专精特新"小巨人"企业 2556 家，在所有专精特新"小巨人"企业数量的占比 20.0%。节能环保产业尚未完成一家独角兽企业的培育工作，属于**节能环保产业**的上市公司数量为 190 家，在所有战新产业上市公司数量的占比是 10.3%，独角兽企业 0 家，在独角兽企业中占比 0.0%，专精特新"小巨人"企业 432 家，在所有专精特新"小巨人"企业数量的占比 3.4%。各个战略性新兴产业中上市企业、独角兽企业与专精特新"小巨人"企业的数量在全国对应类型企业中的占比如图 6-39 所示。

　　东部地区已建立较为成熟的战略性新兴产业企业梯队体系，中西部地区独角兽企业梯队建设薄弱，东北地区企业梯队建设进度较缓。东部地区上市公司 1410 家，在所有战新产业上市公司数量的占比是 76.7%，独角兽企业 274 家，在独角兽企业中占比 87.8%，专精特新"小巨人"企业 8105 家，在所有专精特新"小巨人"企业数量的占比 63.5%；**中部地区**上市公司 235 家，在所有战新产业上市公司数量的占比是 12.8%，独角兽公司 23 家，在独角兽企业中占

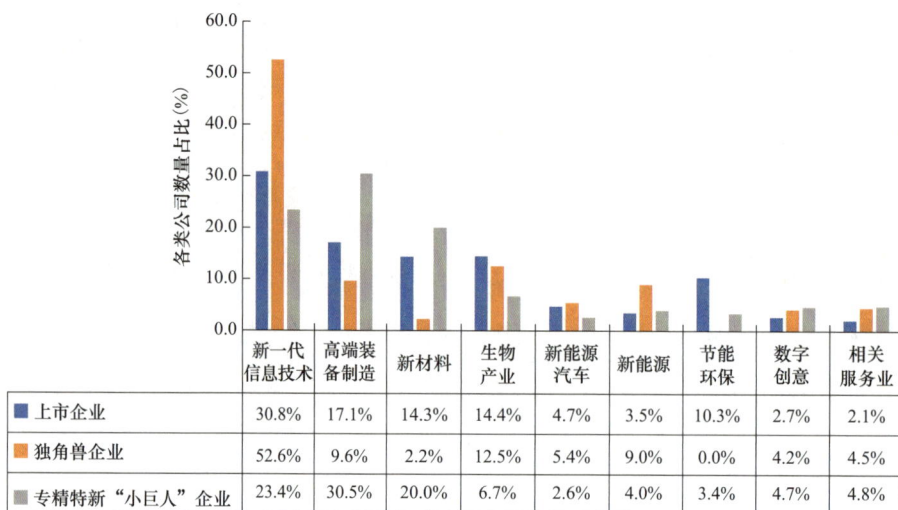

	新一代信息技术	高端装备制造	新材料	生物产业	新能源汽车	新能源	节能环保	数字创意	相关服务业
■ 上市企业	30.8%	17.1%	14.3%	14.4%	4.7%	3.5%	10.3%	2.7%	2.1%
■ 独角兽企业	52.6%	9.6%	2.2%	12.5%	5.4%	9.0%	0.0%	4.2%	4.5%
■ 专精特新"小巨人"企业	23.4%	30.5%	20.0%	6.7%	2.6%	4.0%	3.4%	4.7%	4.8%

图 6-39　各个战略性新兴产业中上市企业、独角兽企业与专精特新"小巨人"

企业的数量在全国对应类型企业中的占比

比 7.4%，专精特新"小巨人"企业 2706 家，在所有专精特新"小巨人"企业数量的占比 21.1%；**西部地区**上市公司 154 家，在所有战新产业上市公司数量的占比是 8.4%，独角兽企业 14 家，在独角兽企业中占比 4.5%，专精特新"小巨人"企业 1489 家，在所有专精特新"小巨人"企业数量的占比 11.6%；**东北地区**上市公司 39 家，在所有战新产业上市公司数量的占比是 2.1%，独角兽企业 1 家，在独角兽企业中占比 0.3%，专精特新"小巨人"企业 471 家，在所有专精特新"小巨人"企业数量的占比 3.7%。各地区上市企业、独角兽企业与专精特新"小巨人"企业的数量在全国对应类型企业中的占比如图 6-40 所示。

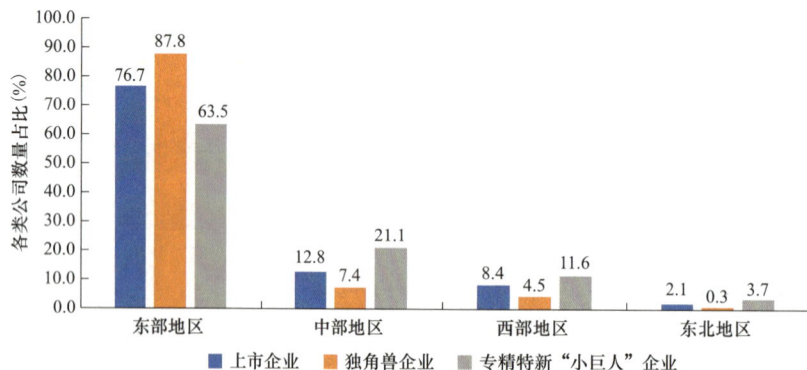

图 6-40　各地区上市企业、独角兽企业与专精特新"小巨人"企业的

数量在全国对应类型企业中的占比

北京、上海、广东、江苏、浙江、山东的企业梯队培育同样存在不同程度的问题。北京、上海、广东、江苏、浙江、山东的上市公司数量合计为 1325 家，占所有战新产业上市公司的比例为 72.1%，在独角兽企业中占比为 84.3%，在所有专精特新"小巨人"企业数量的占比为 55.0%。北京、上海存在"**中间高两头低**"的梯队结构化问题，**北京**上市公司 178 家，在所有战新产业上市公司数量的占比是 9.7%，独角兽公司 100 家，在独角兽企业中占比 32.1%，专精特新"小巨人"企业 835 家，在所有专精特新"小巨人"企业数量的占比 6.5%；**上海**上市公司 159 家，在所有战新产业上市公司数量的占比是 8.7%，独角兽公司 56 家，在独角兽企业中占比 17.9%，专精特新"小巨人"企业 708 家，在所有专精特新"小巨人"企业数量的占比 5.5%。广东存在"**倒三角**"的梯队结构化问题，**广东**上市公司 348 家，在所有战新产业上市公司数量的占比是 18.9%，独角兽公司 45 家，在独角兽企业中占比 14.4%，专精特新"小巨人"企业 1507 家，在所有专精特新"小巨人"企业数量的占比 11.8%；。江苏、浙江、山东存在"**中间低两头高**"的梯队结构化问题，**江苏**上市公司 308 家，在所有战新产业上市公司数量的占比是 16.8%，独角兽公司 29 家，在独角兽企业中占比 9.3%，专精特新"小巨人"企业 1481 家，在所有专精特新"小巨人"企业数量的占比 11.6%；**浙江**上市公司 237 家，在所有战新产业上市公司数量的占比是 12.9%，独角兽公司 26 家，在独角兽企业中占比 8.3%，专精特新"小巨人"企业 1446 家，在所有专精特新"小巨人"企业数量的占比 11.3%；**山东**上市公司 95 家，在所有战新产业上市公司数量的占比是 5.2%，独角兽公司 7 家，在独角兽企业中占比 2.2%，专精特新"小巨人"企业 1049 家，在所有专精特新"小巨人"企业数量的占比 8.2%。北京、上海、广东、江苏、浙江、山东的上市企业、独角兽企业与专精特新"小巨人"企业的数量在全国对应类型企业中的占比如图 6-41 所示。

6.3　中国企业因地制宜培育创新能力相关建议

习近平总书记指出，新质生产力由技术革命性突破、生产要素创新性配置、

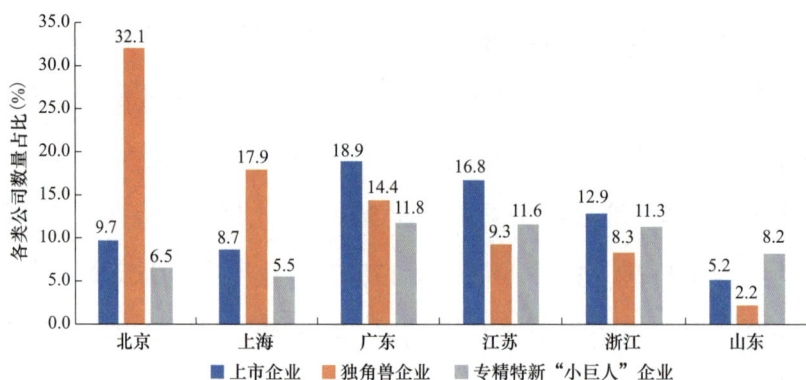

图 6-41　北京、上海、广东、江苏、浙江、山东的上市企业、独角兽企业与

专精特新"小巨人"企业的数量在全国对应类型企业中的占比

产业深度转型升级而催生，需要根据地区的资源禀赋、产业基础、科研等条件，因地制宜发展新质生产力。在对中国科技创新和产业发展的区域特征进行整理分析后，从以下视角提出中国企业培育创新能力的建议。

一是多途径寻求研发资源与持续优化科技成果支持机制。目前中国企业面临区域研发资源分布不均以及创新成果转化效率相对较低的问题，企业应当拓展资金资源和人才资源渠道、通过机制优化建设提升资源利用效率，以此建设新型生产关系，为发展创新能力提供企业的内生动力支撑，可以采取以下措施应对此类问题：①探索多元化科研资金渠道，借鉴数字资产融资的成功经验，探索科技贷、科技债、科创基金等方式为技术研发提供持续性的资金支持；②加强基础研究投入，推进原始创新，梳理企业发展所需的技术路线的相关基础研究，通过市场化的方式，以横向项目的形式与高校、研发机构建立研究合作关系，积极与学校科研人员、行业专家、外部技术团队等研究者建立合作关系，借用学术群体资源推动相关基础研究，追求原始创新；③积极参与成立联合创新体，通过战略合作、重大科研项目联合申报、核心技术协同攻关等方式，加强与研发资源丰富区域的企业的交流合作，获取外部技术支撑与资源支撑；④完善科技成果转化支持体系，通过建设内部服务平台，加强资源整合与供需对接，为科技成果转化项目提供服务支持、资金支持、市场资源支持。

二是与产业发展相融合，共同建设中国现代化产业体系。当前中国企业面临我国部分战新产业发展未能达到预期的问题，企业应当在思考自身战略布局时，将布局新兴产业、以技术改造推进自身业务发展作为重要战略主题，打造企业发展第二曲线，积极发展创新能力，可以采取以下措施应对此类问题：①根据自身战略发展需求、自身技术优势、相关技术成熟度、市场集中度等因素绘制产业图谱，梳理相关产业的市场价值体系、技术发展体系，并制定相关产业布局策略；②建立完善相关行业的前沿领域、风口领域的信息采集制度，增加新产业、新模式、新业态的探索，积极寻找潜在的独角兽企业，通过股权投资、战略合作等方式进行前瞻性布局；③根据地方财政支持政策、市场准入负面清单等条件，制定相关新兴产业的区域布局策略，或者根据市场准入清单积极与相关企业建立战略合作关系或者对其进行股权投资；④支持战新产业相关的技术研发活动，以技术突破推动市场空间开拓，通过与高校联合、引入龙头企业或者参控股相关的领先企业等方式，构建技术生态圈，推动技术创新发展；⑤积极推动交叉融合创新活动，探索新技术与业务场景融合的新范式，开发新商业模式，形成技术发展与市场发展的正向循环。

三是与地区发展相协同，重点建设具有地方特色的区域集群。目前中国企业面临地区发展不均衡和企业梯度结构失衡的问题，企业应当根据自身资源禀赋，与政府相互借力，共同打造地区特色集群，为区域产业发展提供优质的环境，共同发展创新能力，建议采取以下措施应对此类问题：①上市企业发挥辐射带动作用，充分利用自身的技术、资金、人才和管理优势，以地区产业规划为指引，逐步打造横跨区域的产业集群，带动和培育产业链上下游相关企业，加快构建资源互补的地区间产业联动；②积极参与地方集群建设，政企合作开展招商引资、技术攻关，围绕地区产业集群发展所需要的资金资源、技术资源，布局金融服务、产业服务，为地区中小企业发展打造良好的环境，打造本土化专精特新产业集群；③创新人才引进方式，打造本地化"人才堤坝"，构建企业"区域人才池"，采取灵活的人才引进方式招引高端人才，通过"双聘双引""政企联动""揭榜挂帅"等形式实行人才联合引进机制，同时推行校企联合开展"供需对接就业育人"、共建学生实践基地，推动复合型和紧缺型人才培养向高校前移，"定制"区域产业发展所需高端人才；④为区域产业打造资金资源池，资源充足的企业可以与政府或者外部机构共同合作打造相关产业的"接力投资"基金群，建立了覆盖企业种子期、初创期、成长期以及成熟期等全周期的"产投系"基金群，在种子期与初创期，通过种子基金、直投经费以及产业化经费为初创企业赋能，在成长期与成熟期，则是通过天使基金、地区创投引导/科创基金以及市场化基金等方式撬动外部资源为优质项目提供资金支持；⑤围绕地区产业链上下游投资补强技术短板，实现产业链与科技链协同发展，围绕地区战新产业发展的相关领域的上下游进行投资控股，补全产业发展所需技术，聚集资源针对卡脖子环节布局攻关、培育独角兽或隐形冠军、打造产业链领军企业，实现技术发展与产业发展的相互协同。

附　　录

附录 1　报告数据选择依据与来源说明

1．全球代表性创新榜单分析

全球代表性创新榜单按研究维度可分为国家、区域与企业三个层面。其中，国家层面创新榜单以世界知识产权组织发布的《全球创新指数（GII）》、欧盟委员会发布的《欧洲创新记分牌》、世界经济论坛发布的《全球竞争力报告》及联合国发展与贸易（UNCTAD）发布的《技术与创新报告》以及欧洲工商管理学院《全球人才竞争力指数（GTCI）》等为代表，旨在通过创新指标体系构建，衡量全球主要经济体的创新能力表现，进而对全球创新格局及其变化趋势进行研判。区域层面代表性的创新榜单包括由专利分析公司 Harrity 发布的《Top Inventors List 2023》榜单、科睿唯安（Clarivate）发布的《2023 年中国国际科研合作现状报告》、中国科学院科技战略咨询研究院发布的《2023 年研究前沿热度指数》、沙利文联合头豹研究院发布的《中国专精特新企业发展白皮书》、阿里研究院发布的《全球数字科技发展研究报告》、GTCI 报告对各国在人才"引育用留"指标方面的分析，以及 GII 报告对全球各国的研究，评价指标体系更加关注创新生态环境的构建与创新人才体系的搭建。企业层面的创新榜单包括欧盟委员会发布的《欧盟工业企业研发投入记分牌》、世界知识产权组织发布的《世界知识产权报告》、科睿唯安（Clarivate）发布的《全球创新百强》、工信部发布的《专精特新"小巨人"企业名单公示》以及长城咨询发布的《中国独角兽企业研究报告》等，落脚企业创新行为，以追踪全球创新的前沿动态。

2．创新榜单筛选原则

全球各大创新榜单围绕不同评价主体，基于数据的可获得性与评价体系的合理性，从不同视角构建评价的方法体系。根据榜单的延续性、覆盖的范围、数据的权威性及与研究主题的契合度等原则，本报告对创新榜单进行综合评估与筛选。

榜单的延续性是把握创新格局发展态势的基础。创新体系与创新能力的构建是长期创新实践与积累的结果，在短期内具有一定的稳定性，较长时间的历史数据对把握创新演变趋势具有重大意义。本报告以创新格局的动态演变趋势作为重要分析视角，以把握全球创新格局、区域科技集群演变与企业在全球创新体系的地位，要求评价指标体系在较长一段时间的稳定性与评价结果在时间上的延续性，评价年份不足将影响分析结果。

覆盖的主体范围将影响研究结论的全面性。本报告立足全球视角研究创新发展格局，对数据覆盖范围要求较高，小范围的创新评估难以支撑核心结论。如《欧洲创新记分牌》具有一定的地域性，对于本报告的支撑性相对有限。

数据来源的权威性决定了研究结论的科学性。本报告对数据来源的可靠性及评估结果在全球范围内的影响力具有较高要求，主要选取世界银行、国际货币基金组织、世界知识产权组织等权威机构的数据。

研究主题的契合度决定了榜单对研究结论的支撑性。本报告重点从国家视角、区域视角与企业视角三大维度剖析全球创新格局，分别从三大维度筛选契合度较高的创新榜单，同时结合世界知识产权组织、OECD、国家统计局等数据库资源，支撑研究主题。

3．数据分析视角

本报告综合考虑数据的延续性、数据来源的权威性、评估对象的代表性与研究主题的契合度，选取 GII 报告以及《全球竞争力报告》《欧洲创新记分牌》《欧盟工业研发投资记分牌》《南网科技创新指数》等创新榜单，结合权威数据库资源，分别从国家视角、区域视角与企业视角剖析全球创新发展格局及其演变态势。在国家视角，重点选取 GII 报告作为数据支撑，同时结合《全球竞争力报告》、世界知识产权组织数据库、世界经济展望数据库、中国国家统计局数据库等权威数据资源，从截面与时间序列角度分析全球创新格局。在区域创新视角，重点选取 GII 报告、GTCI 报告、《全球数字科技发展研究报告》等，从创新竞争力与创新人才竞争力的角度剖析区域创新活动开展情况。在企业创新视角，重点选取《欧盟工业企业研发投入记分牌》《世界知识产权报告》等，结合 OECD 数据库、欧盟委员会联合研究中心等数据资源，把握领先企业创新动态。在企业创新模式分析上，充分挖掘企业年度报告数据，剖析领先企业创新模式。报告基础数据来源见图Ⅰ。

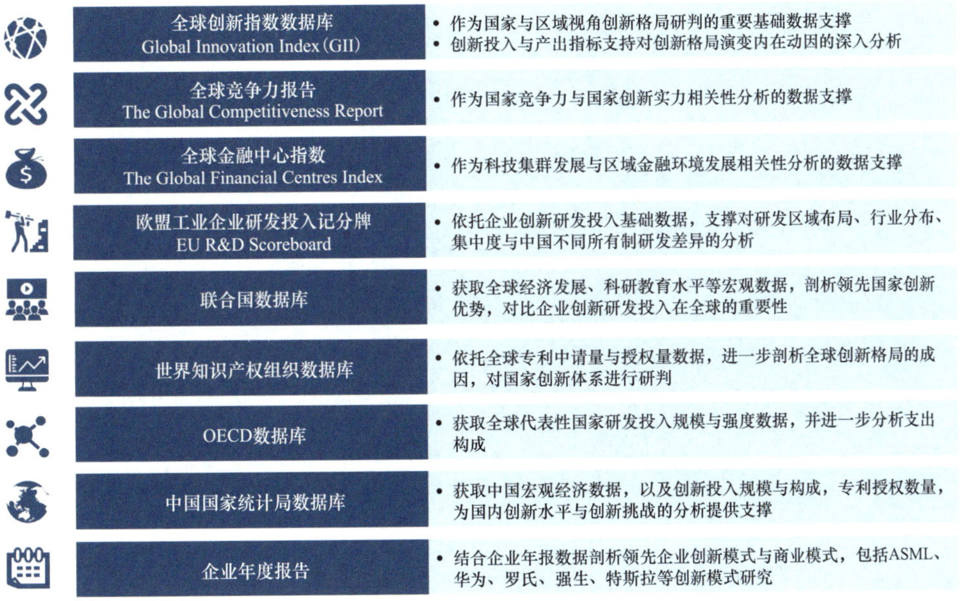

全球创新指数数据库 Global Innovation Index (GII)	• 作为国家与区域视角创新格局研判的重要基础数据支撑 • 创新投入与产出指标支持对创新格局演变内在动因的深入分析
全球竞争力报告 The Global Competitiveness Report	• 作为国家竞争力与国家创新实力相关性分析的数据支撑
全球金融中心指数 The Global Financial Centres Index	• 作为科技集群发展与区域金融环境发展相关性分析的数据支撑
欧盟工业企业研发投入记分牌 EU R&D Scoreboard	• 依托企业创新研发投入基础数据，支撑对研发区域布局、行业分布、集中度与中国不同所有制研发差异的分析
联合国数据库	• 获取全球经济发展、科研教育水平等宏观数据，剖析领先国家创新优势，对比企业创新研发投入在全球的重要性
世界知识产权组织数据库	• 依托全球专利申请量与授权量数据，进一步剖析全球创新格局的成因，对国家创新体系进行研判
OECD数据库	• 获取全球代表性国家研发投入规模与强度数据，并进一步分析支出构成
中国国家统计局数据库	• 获取中国宏观经济数据，以及创新投入规模与构成，专利授权数量，为国内创新水平与创新挑战的分析提供支撑
企业年度报告	• 结合企业年报数据剖析领先企业创新模式与商业模式，包括ASML、华为、罗氏、强生、特斯拉等创新模式研究

图Ⅰ　报告主要数据来源

附录 2 全球创新指数（GII）指标体系

		制度	
投入指标	1.1 政治环境	1.1.1	政治和运行稳定性
		1.1.2	政府有效性
	1.2 监管环境	1.2.1	监管质量
		1.2.2	法治
		1.2.3	遣散费用，带薪周数
	1.3 商业环境	1.3.1	易于创业
		1.3.2	易于解决破产
		人力资本和研究	
	2.1 教育	2.1.1	教育支出在 GDP 中的占比
		2.1.2	中学生人均政府支出在人均 GDP 中的占比
		2.1.3	预期受教育年限
		2.1.4	阅读、数学和科学 PISA 量表得分
		2.1.5	中学生教师比
	2.2 高等教育	2.2.1	高等教育入学率
		2.2.2	科学和工程专业毕业生占比
		2.2.3	高等教育入境留学生占比
	2.3 研究和开发（研发）	2.3.1	全职研究人员/百万人口
		2.3.2	研发总支出在 GDP 中的占比
		2.3.3	全球研发公司，前三位平均支出，百万美元
		2.3.4	QS 高校排名，前三位平均分
		基础设施	
	3.1 信息通信技术（ICT）	3.1.1	ICT 普及率
		3.1.2	ICT 利用率
		3.1.3	政府网络服务
		3.1.4	电子参与
	3.2 普通基础设施	3.2.1	发电量，人均千瓦时
		3.2.2	物流绩效
		3.2.3	资本形成总额在 GDP 中的占比
	3.3 生态可持续	3.3.1	单位能耗 GDP
		3.3.2	环境绩效
		3.3.3	ISO 1400 环境认证/十亿购买力评价美元 GDP

续表

市场成熟度

4.1	信贷	4.1.1 易于获得信贷 4.1.2 给私营部门的信贷在 GDP 中的占比 4.1.3 小额信贷总量在 GDP 中的占比
4.2	投资	4.2.1 易于保护中小投资者 4.2.2 市值在 GDP 中的占比 4.2.3 风险投资交易/十亿购买力平价美元 GDP
4.3	贸易、竞争和市场规模	4.3.1 适用税率加权平均百分比 4.3.2 本地竞争强度 4.3.3 国内市场规模，十亿购买力平价美元

商业成熟度

投入
指标

5.1	知识型工人	5.1.1 知识密集型就业占比 5.1.2 提供正规培训的公司占比 5.1.3 企业进行 GERD 在 GDP 中的占比 5.1.4 企业供资 GERD 占比 5.1.5 高级学历女性员工在总就业中的占比
5.2	创新关联	5.2.1 高校/产业研究合作 5.2.2 产业集群发展情况 5.2.3 海外供资 GERD 占比 5.2.4 合资战略联盟交易/十亿购买力平价美元 GDP 5.2.5 多局同族专利/十亿购买力平价美元 GDP
5.3	知识的吸收	5.3.1 知识产权支付在贸易总额中的占比 5.3.2 高技术进口净额在贸易总额中的占比 5.3.3 ICT 服务进口在贸易总额中的占比 5.3.4 FDI 流入净值在 GDP 中的占比 5.3.5 研究人才在企业中的占比

知识和技术产出

产出
指标

6.1	知识的创造	6.1.1 本国人专利申请量/十亿购买力平价美元 GDP 6.1.2 本国人 PCT 专利申请量/十亿购买力平价美元 GDP 6.1.3 本国人实用新型申请量/十亿购买力平价美元 GDP 6.1.4 科技论文/十亿购买力平价美元 GDP 6.1.5 引用文献 H 指数
6.2	知识的影响	6.2.1 购买力平价美元 GDP 增长率/工人，百分比 6.2.2 新企业千人口 15～64 岁 6.2.3 计算机软件开支在 GDP 中的占比 6.2.4 ISO 9001 质量认证/十亿购买力平价美元 GDP 6.2.5 高端、中高端技术生产占比
6.3	知识的传播	6.3.1 知识产权收入在贸易总额中的占比 6.3.2 高技术出口净额在贸易总额中的占比 6.3.3 ICT 服务出口在贸易总额中的占比 6.3.4 FDI 流出净值在 GDP 中的占比

续表

		创意产出	
产出指标	7.1 无形资产	7.1.1	本国人商标申请量/十亿购买力平价美元 GDP
		7.1.2	本国人外观设计申请量/十亿购买力平价美元 GDP
		7.1.3	ICT 和商业模式创造
		7.1.4	ICT 和组织模式创造
	7.2 创意产品和服务	7.2.1	文化与创意服务出口在贸易总额中的占比
		7.2.2	国产电影/百万人口 15～69 岁
		7.2.3	娱乐和媒体市场/千人口 15～69 岁
		7.2.4	印刷和其他媒体在制造中的占比
		7.2.5	创意产品出口在贸易总额中的占比
	7.3 网络创意	7.3.1	通用顶级域（TLD）/千人口 15～69 岁
		7.3.2	国家代码顶级域/千人口 15～69 岁
		7.3.3	维基百科每月编辑次数/百万人口 15～69 岁
		7.3.4	移动应用开发/十亿购买力平价美元 GDP

附录 3 《2023 年欧盟工业研发投资记分牌》上榜中央企业名单

序号	全球排名	企业	行业	R&D（亿欧元）	R&D增长率（%）	营业收入（亿欧元）	R&D强度（%）
中央企业（21 家）							
1	30	中国建筑集团有限公司	建筑行业	66.7	25.0	2731.2	2.4
2	51	中国国家铁路集团有限公司	建筑行业	37.0	11.3	1549.2	2.4
3	58	中国铁道建筑集团有限公司	建筑行业	33.6	23.5	1453.7	2.3
4	63	中国交通建设集团有限公司	建筑行业	31.1	3.2	962.9	3.2
5	71	中国电力建设集团有限公司	建筑行业	27.9	29.3	761.4	3.7
6	78	中国移动通信集团有限公司	ICT 服务	26.1	190.8	1257.9	2.1
7	88	中国石油天然气集团有限公司	能源	24.9	21.7	4347.1	0.6
8	132	中国石油化工集团有限公司	能源	17.1	11.3	4453.2	0.4
9	138	中国中车集团有限公司	汽车工业	16.6	0.5	292.3	5.7
10	162	中国电信集团有限公司	ICT 产品	14.0	53.2	646.1	2.2
11	167	中国能源建设集团	建筑行业	13.8	19.0	486.1	2.8
12	174	中国联合网络通信集团	ICT 服务	13.5	38.5	426.7	3.2
13	225	东风汽车集团有限公司	汽车工业	9.8	12.1	124.4	7.9
14	307	中国化学工程集团有限公司	建筑行业	7.2	23.0	210.3	3.4
15	337	中国铝业集团有限公司	工业	6.2	113.7	390.5	1.6
16	437	中国海洋石油集团有限公司	能源	4.7	18.7	566.7	0.8
17	490	中国船舶集团有限公司	工业	4.1	0.0	78.2	5.2
18	506	中国东方电气集团有限公司	工业	3.9	14.7	71.6	5.4
19	558	鞍钢集团有限公司	工业	3.4	−3.2	174.0	2.0
20	834	中国铁路通信信号股份有限公司	ICT 服务	2.1	−3.3	53.1	4.0

续表

序号	全球排名	企业	行业	R&D（亿欧元）	R&D增长率（%）	营业收入（亿欧元）	R&D强度（%）
21	1268	中国一重集团有限公司	工业	1.3	5.0	31.8	4.1
中央企业子企业（59家）							
1	87	中国冶金科工股份公司	工业	2495.0	17.7	79 148.4	3.2
2	98	宝山钢铁股份有限公司	工业	2288.2	64.4	48 939.7	4.7
3	301	中国神华能源股份有限公司	工业	725.2	61.5	46 238.2	1.6
4	368	中国航空科技工业股份有限公司	工业	569.2	28.1	8362.0	6.8
5	386	烽火通信科技股份有限公司	ICT 服务	543.8	19.0	4087.0	13.3
6	389	华润医药集团有限公司	健康产业	538.9	15.9	4151.9	13.0
7	417	中国广核电力股份有限公司	能源	491.7	25.8	10 941.4	4.5
8	493	国电南瑞科技股份有限公司	ICT 服务	401.5	0.4	6230.4	6.4
9	494	中国船舶工业股份有限公司	汽车工业	399.2	9.1	5729.1	7.0
10	535	一汽解放汽车有限公司	汽车工业	357.8	−15.5	4836.0	7.4
11	568	中国石化工程建设有限公司	能源	337.2	8.1	7116.7	4.7
12	600	中国石油集团工程有限公司	能源	310.4	40.3	11 086.6	2.8
13	601	华润医药集团有限公司	健康产业	310.1	18.8	30 512.3	1.0
14	624	中国船舶重工集团动力股份有限公司	ICT 产品	298.6	53.3	5023.3	5.9
15	722	中国软件与技术服务股份有限公司	ICT 服务	254.7	0.1	1282.5	19.9
16	751	中国核能电力股份有限公司	能源	244.6	19.8	9411.8	2.6
17	768	中国石化仪征化纤有限责任公司	能源	239.0	10.1	9900.7	2.4
18	819	华能国际电力股份有限公司	能源	215.8	21.4	32 918.2	0.7
19	826	中国核工业建设股份有限公司	建筑行业	214.5	18.6	13 121.2	1.6
20	831	同方股份有限公司	ICT 产品	213.6	−18.0	3158.5	6.8
21	833	株洲中车时代电气	ICT 产品	212.3	−0.1	2373.8	8.9
22	867	深圳市桑达实业股份有限公司	ICT 产品	203.9	51.9	6792.9	3.0
23	891	国电电力发展股份有限公司	能源	196.3	9.6	25 128.1	0.8

序号	全球排名	企业	行业	R&D（亿欧元）	R&D增长率（%）	营业收入（亿欧元）	R&D强度（%）
24	922	新兴铸管股份有限公司	工业	189.1	15.3	6313.7	3.0
25	961	航天信息股份有限公司	ICT 服务	180.0	0.7	2574.5	7.0
26	976	中国中材国际工程股份有限公司	建筑行业	177.4	18.0	5153.5	3.4
27	1058	中海油能源发展股份有限公司	能源	160.7	26.7	6377.9	2.5
28	1116	中化国际（控股）股份有限公司	化工行业	151.4	−24.0	11 682.0	1.3
29	1131	中材科技股份有限公司	化工行业	148.2	16.5	2871.8	5.2
30	1133	中海油田服务股份有限公司	能源	148.0	37.3	4779.1	3.1
31	1410	中国民航信息网络股份有限公司	ICT 产品	112.4	−15.3	685.1	16.4
32	1457	中国航发动力股份有限公司	航空与国防	106.7	24.1	4891.6	2.2
33	1470	太极计算机股份有限公司	ICT 服务	106.2	12.0	1398.1	7.6
34	1484	华润微电子有限公司	ICT 产品	105.4	43.6	1315.3	8.0
35	1530	中国西电电气股份有限公司	ICT 产品	100.9	40.6	2366.0	4.3
36	1554	中航沈飞股份有限公司	航空与国防	99.3	11.6	5525.8	1.8
37	1570	哈尔滨动力设备股份有限公司	工业	97.5	14.8	3258.2	3.0
38	1665	宝胜科技创新股份有限公司	ICT 产品	90.4	−1.4	5455.6	1.7
39	1673	株洲时代新材料科技股份有限公司	工业	89.8	12.4	1989.3	4.5
40	1785	贵州航天电器股份有限公司	ICT 产品	83.6	23.7	780.8	10.7
41	1793	中工国际工程股份有限公司	建筑行业	83.2	24.8	1296.7	6.4
42	1801	国机汽车股份有限公司	汽车工业	82.8	2.1	5261.9	1.6
43	1831	中金黄金股份有限公司	工业	81.3	6.4	7519.4	1.1
44	1932	凌云工业股份有限公司	汽车工业	76.5	12.5	2150.1	3.6
45	1953	内蒙古第一机械集团有限公司	汽车工业	75.5	39.4	1900.1	4.0
46	2022	中国振华科技股份有限公司	ICT 产品	72.9	14.9	951.8	7.7
47	2084	中兵红箭股份有限公司	汽车工业	69.7	31.0	866.9	8.0
48	2108	中国巨石股份有限公司	工业	68.4	4.8	2333.8	2.9

续表

序号	全球排名	企业	行业	R&D（亿欧元）	R&D增长率（%）	营业收入（亿欧元）	R&D强度（%）
49	2132	国电南京自动化股份有限公司	ICT 产品	67.6	15.0	928.1	7.3
50	2146	中国船舶重工集团海洋防务与信息对抗股份有限公司	能源	67.0	7.2	568.9	11.8
51	2153	中船海洋与防务装备股份有限公司	工业	66.8	−16.5	1686.0	4.0
52	2208	江苏扬农化工股份有限公司	化工行业	64.7	34.9	2081.7	3.1
53	2226	昊华化工科技集团股份有限公司	化工行业	64.2	23.1	1156.7	5.5
54	2242	第一拖拉机股份有限公司	工业	63.1	30.0	1650.7	3.8
55	2385	新疆八一钢铁股份有限公司	工业	58.1	4.0	2956.7	2.0
56	2387	苏美达股份有限公司	汽车工业	58.1	−0.9	18 902.3	0.3
57	2397	厦门市美亚柏科信息股份有限公司	ICT 服务	57.6	−18.4	303.6	19.0
58	2412	中航重机股份有限公司	工业	57.2	33.2	1392.3	4.1
59	2450	航天工业发展股份有限公司	ICT 产品	55.4	−18.6	456.2	12.1

附录 4 《2023 年欧盟工业研发投资记分牌》100 强名单

全球排名	企业	行业	国家	R&D（亿欧元）	R&D增长率（%）	营业收入（亿欧元）	R&D强度（%）
1	ALPHABET	ICT 服务	美国	370.3	25.2	2651.8	14.0
2	META	ICT 服务	美国	315.2	36.4	1093.3	28.8
3	MICROSOFT	ICT 服务	美国	255.0	10.9	1986.8	12.8
4	APPLE	ICT 产品	美国	246.1	19.8	3697.1	6.7
5	华为投资控股有限公司	ICT 产品	中国	209.3	10.6	862.1	24.3
6	VOLKSWAGEN	汽车工业	德国	189.1	21.3	2792.3	6.8
7	SAMSUNG ELECTRONICS	ICT 产品	韩国	184.4	10.3	2235.9	8.2
8	INTEL	ICT 产品	美国	164.3	15.4	591.2	27.8
9	ROCHE	健康产业	瑞士	142.7	2.5	642.6	22.2
10	JOHNSON & JOHNSON	健康产业	美国	136.9	−0.8	890.1	15.4
11	MERCK US	健康产业	美国	110.8	14.2	555.8	19.9
12	PFIZER	健康产业	美国	107.1	−1.5	940.7	11.4
13	GENERAL MOTORS	汽车工业	美国	91.9	24.1	1469.5	6.3
14	ASTRAZENECA	健康产业	英国	89.4	18.5	415.8	21.5
15	BRISTOL-MYERS SQUIBB	健康产业	美国	88.2	−10.5	432.8	20.4
16	TOYOTA MOTOR	汽车工业	日本	87.8	10.4	2626.0	3.3
17	NOVARTIS	健康产业	瑞士	85.2	0.5	485.9	17.5
18	MERCEDES-BENZ	汽车工业	德国	85.1	−5.2	1500.2	5.7
19	腾讯控股有限公司	ICT 服务	中国	82.4	18.4	744.2	11.1
20	ORACLE	ICT 服务	美国	80.8	19.4	468.3	17.3
21	QUALCOMM	ICT 产品	美国	76.8	14.2	414.4	18.5

续表

全球排名	企业	行业	国家	R&D（亿欧元）	R&D增长率（%）	营业收入（亿欧元）	R&D强度（%）
22	阿里巴巴公司	ICT 服务	中国	76.8	3.2	1165.8	6.6
23	ROBERT BOSCH	汽车工业	德国	74.8	18.3	882.0	8.5
24	FORD MOTOR	汽车工业	美国	73.1	2.6	1481.9	4.9
25	BMW	汽车工业	德国	71.8	4.5	1426.1	5.0
26	NVIDIA	ICT 产品	美国	68.8	39.3	252.9	27.2
27	ELI LILLY	健康产业	美国	67.4	2.3	267.6	25.2
28	STELLANTIS	汽车工业	荷兰	67.2	14.1	1795.9	3.7
29	SANOFI	健康产业	法国	67.1	17.9	430.0	15.6
30	中国建筑集团有限公司	建筑行业	中国	66.7	25.0	2731.2	2.4
31	BAYER	健康产业	德国	66.3	20.2	507.4	13.1
32	CISCO SYSTEMS	ICT 产品	美国	63.4	3.2	483.4	13.1
33	HONDA MOTOR	汽车工业	日本	62.2	6.8	1195.0	5.2
34	SAP	ICT 服务	德国	61.4	18.8	308.7	19.9
35	ABBVIE	健康产业	美国	60.8	−7.1	544.3	11.2
36	NTT	ICT 服务	日本	57.2	9.2	928.5	6.2
37	IBM	ICT 服务	美国	56.5	1.3	567.5	9.9
38	SIEMENS	ICT 产品	德国	55.9	8.9	719.8	7.8
39	GSK	健康产业	英国	54.8	4.4	394.9	13.9
40	SONY	其他行业	日本	53.4	19.2	815.6	6.5
41	BOEHRINGER SOHN	健康产业	德国	50.5	22.3	241.5	20.9
42	TAIWAN SEMICONDUCTOR	ICT 产品	中国台湾	49.8	30.9	691.2	7.2
43	SALESFORCE	ICT 服务	美国	47.4	13.2	293.9	16.1
44	ADVANCED MICRO DEVICES	ICT 产品	美国	46.9	75.9	221.3	21.2
45	GILEAD SCIENCES	健康产业	美国	46.7	−7.2	255.8	18.2

续表

全球排名	企业	行业	国家	R&D（亿欧元）	R&D增长率（%）	营业收入（亿欧元）	R&D强度（%）
46	BROADCOM	ICT 产品	美国	46.1	1.3	311.3	14.8
47	NOKIA	ICT 产品	芬兰	45.1	9.0	249.1	18.1
48	TAKEDA PHARMACEUTICAL	健康产业	日本	44.8	20.4	284.7	15.7
49	ERICSSON	ICT 产品	瑞典	42.5	14.2	244.2	17.4
50	AMGEN	健康产业	美国	41.6	−8.0	246.8	16.8
51	中国国家铁路集团有限公司	建筑行业	中国	37.0	11.3	1549.2	2.4
52	NISSAN MOTOR	汽车工业	日本	36.9	7.9	749.0	4.9
53	DENSO	汽车工业	日本	36.9	4.8	452.4	8.1
54	MEDIATEK	ICT 产品	中国台湾	35.7	21.6	167.6	21.3
55	HON HAI	ICT 产品	中国台湾	34.9	8.7	2023.3	1.7
56	AIRBUS	航空与国防	荷兰	34.0	17.3	587.6	5.8
57	REGENERON PHARMACEUTICALS	健康产业	美国	33.7	23.5	114.1	29.5
58	中国铁道建筑集团有限公司	建筑行业	中国	33.6	23.5	1453.7	2.3
59	SK HYNIX	ICT 产品	韩国	33.2	18.6	330.1	10.1
60	PANASONIC	其他行业	日本	33.2	3.4	592.2	5.6
61	VMWARE	ICT 服务	美国	31.6	8.2	125.2	25.3
62	百度集团股份有限公司	ICT 服务	中国	31.3	−6.5	166.0	18.9
63	中国交通建设集团有限公司	建筑行业	中国	31.1	3.2	962.9	3.2
64	ASML HOLDING	ICT 产品	荷兰	30.7	26.3	211.7	14.5
65	NOVO NORDISK	健康产业	丹麦	29.3	33.6	238.0	12.3
66	MICRON TECHNOLOGY	ICT 产品	美国	29.2	17.0	288.4	10.1
67	CONTINENTAL	汽车工业	德国	29.0	9.8	394.1	7.3
68	TESLA	汽车工业	美国	28.8	18.6	763.8	3.8
69	ADOBE	ICT 服务	美国	28.0	17.6	165.1	17.0

续表

全球排名	企业	行业	国家	R&D（亿欧元）	R&D增长率（%）	营业收入（亿欧元）	R&D强度（%）
70	上海汽车集团股份有限公司	汽车工业	中国	28.0	1.3	939.8	3.0
71	中国电力建设集团有限公司	建筑行业	中国	27.9	29.3	761.4	3.7
72	LG ELECTRONICS	其他行业	韩国	27.5	3.2	617.5	4.4
73	中兴通讯股份有限公司	ICT 产品	中国	27.4	13.4	159.2	17.2
74	北京三快科技有限公司	其他行业	中国	27.0	23.8	295.2	9.1
75	ZF	汽车工业	德国	26.6	8.0	438.0	6.1
76	GENERAL ELECTRIC	一般工业	美国	26.4	12.7	717.8	3.7
77	UBER TECHNOLOGIES	ICT 服务	美国	26.2	36.2	298.9	8.8
78	中国移动通信集团有限公司	ICT 服务	中国	26.1	190.8	1257.9	2.1
79	APPLIED MATERIALS	ICT 产品	美国	26.0	11.6	241.8	10.7
80	ABBOTT LABORATORIES	健康产业	美国	25.7	0.1	409.3	6.3
81	DELL TECHNOLOGIES	ICT 产品	美国	25.5	5.7	959.1	2.7
82	比亚迪股份有限公司	汽车工业	中国	25.5	80.3	546.9	4.7
83	NETFLIX	其他行业	美国	25.4	19.2	296.4	8.6
84	RTX	航空与国防	美国	25.4	−0.8	628.9	4.0
85	MEDTRONIC PUBLIC LIMITED	健康产业	爱尔兰	25.3	−1.8	292.8	8.6
86	HSBC	金融行业	英国	25.0	12.2	532.8	4.7
87	中国冶金科工股份公司	一般工业	中国	25.0	17.7	791.5	3.2
88	中国石油天然气集团有限公司	能源	中国	24.9	21.7	4347.1	0.6
89	HITACHI	ICT 产品	日本	24.9	2.3	769.1	3.2
90	BOEING	航空与国防	美国	24.7	29.4	624.5	4.0
91	HYUNDAI MOTOR	汽车工业	韩国	24.7	7.7	1054.4	2.3
92	MERCK DE	健康产业	德国	24.5	2.0	222.3	11.0
93	DAIICHI SANKYO	健康产业	日本	24.1	31.3	90.4	26.7

全球排名	企业	行业	国家	R&D（亿欧元）	R&D增长率（%）	营业收入（亿欧元）	R&D强度（%）
94	VERTEX PHARMACEUTICALS	健康产业	美国	23.7	−17.2	83.7	28.3
95	BASF	化工行业	德国	23.3	3.6	873.3	2.7
96	MODERNA	健康产业	美国	23.1	106.1	180.6	12.8
97	SOFTBANK	ICT 服务	日本	22.9	58.6	464.4	4.9
98	宝山钢铁股份有限公司	一般工业	中国	22.9	64.4	489.4	4.7
99	INTUIT	ICT 服务	美国	22.7	38.2	119.3	19.0
100	RENAULT	汽车工业	法国	22.6	−4.3	474.7	4.8